Joyce Bischof

Gargonda

Gargonda
Die Legende des goldenen Einhorns

Erzählt von

Joyce Bischof

Mit Bildern von Manuela Bingesser

Paramon
Verlag

Die Deutsche Nationalbibliothek verzeichnet diese Publikation in der Deutschen Nationalbibliografie; detaillierte bibliografische Daten sind im Internet über http://dnb.d-nb.de abrufbar.

Joyce Bischof:
Gargonda – Die Legende des goldenen Einhorns

Paramon® ist ein Imprint der
Europäische Verlagsgesellschaften GmbH
ISBN 978-3-03830-132-5

Sie finden uns im Internet unter: www.Paramon.de

Glaubst du an Hexen und Riesen? Dann bist du zweifelsfrei noch ein Kind. Das ist auch gut so, denn für Erwachsene wäre diese Geschichte viel zu kompliziert. Magralien, das Land der Hexen und Riesen, findet man nämlich nicht auf einer gewöhnlichen Karte. Es liegt an einem geheimnisvollen Ort. Erwachsene beschreiben ihn als Mond, doch das ist nicht ganz richtig. Du darfst ihnen diese Ungenauigkeit nicht verübeln, sie haben das magische Augenlicht, das in jedem von uns schlummert, vor langer Zeit verloren und können nur sehen, was vernünftig und wissenschaftlich belegbar ist. Demzufolge sind sie auch der festen Überzeugung, der Mond wäre rund. Doch er verbirgt sein wahres Geheimnis dem, der es nicht würdig ist zu sehen. Ich spüre jedoch, dass du dein magisches Augenlicht noch nicht verloren hast.

Deshalb erzähle ich dir nun, was den meisten verborgen bleibt: Es gibt Hexen und Riesen! Sie leben in Magralien, einem Land, das sich auf der Kehrseite des Mondes befindet und das nur derjenige finden kann, der weiss, wo es liegt. Seltsame Dinge geschehen in Magralien, unerklärliche Dinge. Du sollst aber keine Angst haben, eine Reise dorthin zu wagen, denn was du erleben wirst, wird dich für immer verändern.

Kapitel 1

Es war ein schrecklicher und düsterer Ort, hier am Abgrund, so finster, dass man ihn sich nicht einmal in den schrecklichsten Albträumen hätte ausmalen können. Die Höhle war eng und staubig. Gargondas Blick war leer. Nur selten gab es einen Tag, der ihn mit Glück segnete und ein verirrtes Reh oder ein lahmes Kaninchen herbeilockte. Seine faltigen Augenlider hingen so stark hinunter, dass man die grüne Iris nicht mehr erkennen konnte. Obwohl der Riese nur eine Armlänge kleiner war als die höchsten Bäume, die man im Wald finden konnte, war er der Kleinste in seinem Clan. Vielleicht war dies ein Grund, warum er verstossen wurde. Kleine Wassertröpfchen, die ein karger Fluss beim Hinunterfliessen über die Höhle verteilte, sammelten sich auf Gargondas Nasenspitze. Es war wieder einer der Tage, der diese Leere in ihm aufkommen liess. Seit er von den Grogs, so nennen sich die Waldriesen, verstossen wurde, hatte er sich in einer Höhle nahe des gefürchteten Abgrunds niedergelassen. Er wusste nicht, wohin er sonst hätte gehen sollen. Hier war niemand ausser ihm, niemand, der ihm schon wieder hätte vorwerfen können, dass er schuld daran war, dass von dem einst so schönen, prächtigen Wald nur noch wenige abgebrannte und verstümmelte Baumstämme übrig waren. Gargonda konnte noch immer nicht verstehen, wie das passieren konnte. Die Katastrophe geschah, als sich die Grogs nordwärts Richtung Flussquelle auf den Weg zum Jagen machten. Tagelang wateten sie durch den morastigen Boden des Waldes. Als sie an der Quelle des Flusses ankamen, waren sie alle erschöpft und hungrig. Das Oberhaupt der Grogs, Cartiga, schlug wie wild mit geballten Fäusten in den Fluss, um die Fische darin zu erschlagen. Die Wucht der Faustschläge traf gelegentlich einen Fisch und liess ihn ohnmächtig und starr an der Wasseroberfläche flussabwärts treiben. Da Cartiga das Oberhaupt der Grogs war, durfte er jagen und das Essen besorgen. Er war es auch, der sich bei jeder Mahlzeit den ersten Bissen genehmigen durfte, nur er. Gargonda war, anders als Cartiga, ein Arbeiter, der nur solange im Clan der Grogs geduldet wurde, wie er auch Arbeit verrichten konnte. Die anderen Grogs unterhielten sich nicht oft mit ihm. Warum auch? Er war Holzsammler, und mit Holzsammlern sprach nie jemand, ausser andere Holzsammler. Jedenfalls geschah es an diesem Abend, dass Gargonda von Kito, einem angesehenen Goldsucher, aufgetragen wurde, Feuer für das Abendessen zu entfachen. Das war eine grosse Ehre für den kleinen Riesen, denn meistens durften nur die oberen Stammesmitglieder Feuer machen. Kaum hatte Kito den Auftrag ausgesprochen, eilte Gargonda zu dem riesigen Holzhaufen, um ihn anzuzünden. Zwei aufeinanderschlagende Steine warfen genügend Funken, um das getrocknete Gras und Moos und einige feine Holzsplitter in Brand zu setzen. Es dauerte nur einen kurzen Augenblick, bis das ganze angesammelte Holz in Flammen stand. Voller Stolz über den erfüllten Auftrag, trommelte Gargonda die Grogs für das Abendmahl zusammen. Während er dies tat, bemerkte er nicht, wie einige der trockenen

Gesträuche neben dem entzündeten Holzhaufen ebenfalls Feuer fingen. Erst als einige Grogs von der starken Rauchentwicklung anfingen zu husten, sah Gargonda das schreckliche Ausmass seiner Tat: Bereits die Hälfte des Waldes hatte Feuer gefangen! Es war zu spät, die Heimat der Grogs, den Wald, retten zu wollen. Einigen Riesen gelang es noch, ihre Waffen vor dem Feuer zu retten, doch die meisten Steinschleudern, Äxte und Speere wurden zerstört. Sie flohen in die Mitte des Waldes, wo sie eine Lichtung fanden und warteten, umringt von gefrässigem Feuer, das nichts verschonte, das brennen oder zerstört werden konnte, bis die Flammen den Weg durch den Wald freigaben. Erschöpft setzten sich die Riesen auf das Gras und sahen zu, wie ihre Heimat zerstört wurde, unbarmherzig und unaufhaltsam. Was dann passierte, wusste Gargonda nicht mehr. Er konnte sich nicht mehr daran erinnern, vielleicht weil er sich nicht mehr daran erinnern wollte. Man hatte beschlossen, Gargonda aus dem Clan der Grogs zu verbannen. Mit diesem Beschluss waren alle Grogs einverstanden, zumindest hatten bei der Abstimmung alle ihre Hände gehoben. Da kam zum ersten Mal die Leere in dem kleinen Riesen auf, die ihn seit seiner Ankunft am Abgrund ständig heimsuchte. Geknickt, traurig und wütend über seine eigene Dummheit, stapfte er ziellos durch die Überreste des Waldes. Am Ende des Waldes blieb er kurz stehen und blickte zurück. Sein Herz fühlte sich an, als wäre es so schwer wie die grössten Felsplatten, die in den Bergen zu finden waren. Er wusste nicht wohin, er wusste nicht, was er machen sollte und er wusste nicht, womit er jagen konnte, ohne seine Waffe. Eines jedoch wusste er: Er musste seinen Fehler wieder gut machen!

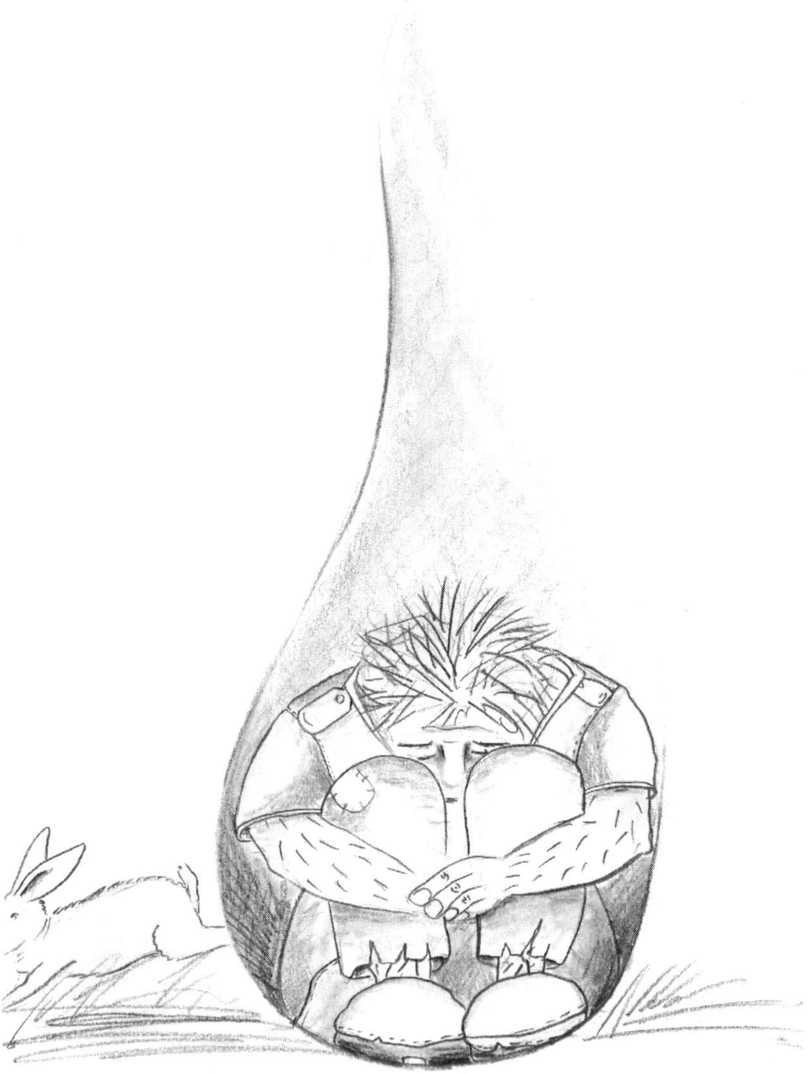

Kapitel 2

Ati! Ati wach auf! Ati du bist nicht in der Schule, um zu schlafen!« Ati, eine junge Hexe, die gerade ihr zweites Jahr an der Hexen- und Zaubererschule absolvierte, war während der Zubereitung eines Ratteneintopfs mit Froschaugenlikör und Molchelixier eingeschlafen. Mystica, eine scharfsinnige und weise Hexe, die ein begnadetes Verständnis für Hexentränke aufbrachte, hatte schon unzählige Versuche erfolglos unternommen, Ati aufzuwecken. Als mit lautem Gebrüll auch der letzte Versuch an Ati abprallte und diese weiter unbekümmert vor sich hin schnarchte, blieb Mystica nichts anderes übrig, als den Zauberstab zu zücken: »Mäuseschwanz und Krötengrütze, heute fällst du in die tiefste Pfütze!« Während Mystica den Zauberspruch laut aussprach, verwandelte sich der Boden rund um Ati herum in eine riesige Pfütze. Atis Tisch und Stuhl glitten durch die Pfütze hindurch, so als gäbe es plötzlich keinen Boden mehr. Nur Ati landete unsanft im kalten Wasser der Pfütze. Aufgeschreckt vom Sturz ins kalte Wasser, schrie sie empört: »Verflucht! Grünes Pferd und gelbes Huhn, verhext ist heute all dein Tun!« Atis Zauberspruch erzielte keine

Wirkung, denn sie hatte vergessen, den Zauberstab zu zücken. »Nachdem du mich versucht hast zu verhexen, könntest du dich nun bitte deinem Eintopf widmen?« Ati räusperte sich kurz und antwortete dann: »Jaa, wenn es sein muss.« Noch bevor die junge Hexe den Schrank erreichte, aus dem sie sich neue Zutaten für den Eintopf hatte beschaffen wollen, richtete Mystica erneut das Wort an sie: »Ja, es muss sein und sein muss auch, dass du der Schule einen Brief schreibst, in dem du dich für das Verschwinden der Kristallkugel entschuldigst. Ich weiss nicht, warum du sie gestohlen hast und was du damit vorhast, aber du wirst dich entschuldigen.« »Ich habe die Kristallkugel aber nicht gestohlen! Warum sollte ich die Schule bestehlen?« »Ja, das frage ich mich auch, besonders weil alle Schülerinnen und Schüler dieser Schule wissen, dass ihnen der Schulverweis im Falle eines Diebstahls droht. Aber die Beweise richten sich alle gegen dich, Ati, und würde es in meiner Macht stehen, dann hätte ich dich schon lange von der Schule verwiesen!« Ati antwortete nicht. Sie hasste Mystica und umgekehrt war es auch so, da war sie sich sicher. Der Unterricht bei Mystica war immer stinklangweilig, alles an ihr war langweilig: ihre Stimme, ihre Kleidung, ihr lächerlicher Hexenhut und ihre Tränke. Nur ihre krumme Nase mit der grossen Warze war nicht langweilig, sie war hässlich!

Während Ati vor dem Schrank stand, bemerkte sie, wie ihre Mitschülerinnen und Mitschüler anfingen, heftig zu tuscheln. Wut stieg in ihrem ganzen Körper auf, bis sie schliesslich bemerkte, wie ihr Gesicht rot anlief. Sie musste sich wieder beruhigen, es hatte keinen Sinn, sich rechtfertigen zu wollen oder zu widersprechen. »Sollen die doch alle denken, was sie wollen. Ich habe die Kristallkugel nicht gestohlen! Die Schule ist einfach stinklangweilig«, nuschelte Ati vor sich hin. Niemand hatte sie gehört. Ein Bild, das mit Klebstreifen an den Schrank tapeziert worden war, lenkte Atis Aufmerksamkeit auf sich. Sie fing an, die Klebstreifen mit den Fingernägeln abzukratzen. Das Bild löste sich allmählich vom Schrank. Als die junge Hexe bemerkte, dass Mystica sie beobachtete, griff sie hastig nach den Zutaten für den Ratteneintopf. Der Froschaugenlikör war beinahe aufgebraucht, aber Ati traute sich nicht nachzufragen, wo sie sich neuen beschaffen konnte. Jemand hatte die Flasche nicht richtig verschlossen, sie war schmierig und schleimig, und Ati konnte sie fast nicht festhalten. Ein lautes Räuspern war zu hören und sie wusste, dass Mystica bald die Geduld verlor und sie nachsitzen lassen würde, wobei nachsitzen immer noch eine der besseren Bestrafungen war. Es war schon einmal vorgekommen, dass sie einen jungen Zauberer in ein Schwein verwandelt hatte und dieser den ganzen Tag grunzend und auf vier kleinen Beinen, die einen viel zu dicken Körper trugen, im Schulflur umherirrte. Es war ein ziemlich lustiger Tag gewesen, denn wo auch immer das verzauberte Schwein auftauchte, kommentierten die jungen Hexen und Zauberer sein Erscheinen mit schweinischen Sprüchen: »Der benimmt sich wie ein Schwein. So ein armes Schwein! Oder der hat heute aber gar kein Schwein gehabt.« Von »Der fühlt sich heute aber sauwohl!« bis zu »Das kümmert heute aber kein Schwein« war alles zu hören. Für den verzauberten Jungen muss es ein schrecklicher Tag gewesen sein, trotzdem musste Ati schmunzeln, als sie an dieses Ereignis zurückdachte.

»Ati!« Plumps-Scheppern-Krach! Mystica hatte offenbar keine Geduld mehr und schrie Atis Namen so laut durchs Schulzimmer, dass man hören konnte, wie der Schall an den Wänden abprallte. Ein Knall war zu hören, und Ati schlug hart auf dem Boden auf. Sie hatte sich so erschrocken, dass ihr der Froschaugenlikör aus der Hand glitt und die Glasflasche zu Bruch ging, als sie auf den Fussboden traf. Ungeschickt, wie Ati ist, rutschte sie auf der schleimigen und schmierigen Brühe aus. Der Sturz war schmerzhaft, aber ihre Tollpatschigkeit ärgerte sie viel mehr, denn sie hatte sie direkt vor Mysticas Füsse geliefert. Ruhig hob sie den Kopf, bis ihre Augen auf diejenigen der alten Hexe trafen. Nur für den Bruchteil einer Sekunde trafen sich ihre Blicke, dann lenkte Ati ihren Blick schnell wieder auf den bekleckten Fussboden. Sie wusste, dass sie es nun geschafft hatte, und Mystica vermutlich kurz davor war, die Beherrschung zu verlieren. Wie wohl ihre Bestrafung aussehen würde? Nachsitzen? Nein, das war zu wenig, schliesslich war sie eingeschlafen, hatte herumgetrödelt und wurde ausserdem beschuldigt, eine Kristallkugel mit magischen Kräften gestohlen zu haben. Würde sie Ati ebenso in ein Schwein verwandeln? Sie wäre bestimmt in einer misslichen Lage, wenn sie sich einen ganzen Tag als Schwein durchs Schulzimmer fortbewegen müsste. Wozu sollte man sie in ein Schwein verwandeln? Sie hatte doch schon eine riesige Schweinerei angerichtet. Bei diesem Gedanken konnte es sich Ati nicht verkneifen, die Mundwinkel zu verziehen, und ein feines Kichern entrann ihrer Kehle. Gefasst auf die bevorstehende Bestrafung, blieb sie regungslos an Ort und Stelle. Hatte Mystica das Kichern gehört? Dachte sie nun endgültig, sie wäre verrückt geworden? Doch Mystica sagte nichts und auch kein Zucken des Zauberstabs war zu hören. Sie vernahm, wie die alte Hexe mit der krummen Nase und der grossen Warze ihr Wort wieder an die Klasse richtete und anordnete, den Platz aufzuräumen, denn der Unterricht war fast zu Ende. Ati versuchte, den Fussboden vom ausgekippten Froschaugenlikör zu befreien. Die schleimige Tunke löste sich aber nur unbedeutend vom Boden. Nach einigen missglückten Versuchen waren Atis Hände grün gefärbt und hatten eine amphibienartige Zeichnung. Sie musste es unbedingt vermeiden, als letzte im Schulzimmer übrig zu sein und somit alleine mit dem alten Weib im Schulzimmer festzustecken. Den geeigneten Moment, um das Malheur zu vertuschen, bot sich just, als es an der Tür klopfte. Vorsichtig spähte Ati nach vorne, um einen Blick auf den Klopfenden zu erhaschen, aber sie konnte nichts sehen, denn Mystica öffnete die Türe nur einen Spalt breit und tauschte einige Sätze mit dem Unbekannten aus. Eine männliche Stimme war zu vernehmen. Hastig schnappte sich Ati einen alten Teppichfetzen, dessen ursprünglicher Platz unter einem Abwaschbecken gewesen war, und legte ihn vorsichtig über die besudelte Stelle. Sie hatte keine Zeit darauf zu achten, ob sie jemand beobachtete. Ein nachprüfender Blick auf beide Seiten musste genügen. Das Blut pochte heftig in ihren Adern. Einen Moment lang dachte sie, ihr Herz würde aus ihrer Brust hüpfen. Fieberhaft sammelte sie die Scherben der Glasflasche zusammen, die überall verstreut auf dem Boden lagen. Sogar das Bild, dessen Klebstreifen, an denen es befestigt war, sie gelöst hatte, hatte sich nun gänzlich gelöst und war ebenfalls auf den Fussboden gefallen. Ein Einhorn war auf dem Bild zu erkennen, doch es war kein gewöhnliches Einhorn, sein Horn war goldig und glitzerte. Sie steckte sich eine Scherbe nach der anderen in eine Seitentasche ihres struppigen Rockes und steckte dabei auch das Bild mit dem Einhorn ein. In Windeseile mischte sich Ati unter die Klasse und versuchte, so unsichtbar wie möglich zu werden, indem sie hoffte, in der Menge unterzugehen. Die alte Hexe und der Unbekannte unterhielten sich energisch, das war leicht zu erkennen, denn sie sprachen nicht nur mit dem Mund, die Hände gestikulierten mit. Die Klasse stand in einer Reihe vor der Tür, bereit das Zimmer zu verlassen. Mystica öffnete die Tür ein wenig mehr, so dass die jungen Hexen und Zauberer durch den grösser gewordenen Spalt hinausgehen konnten. Ati hatte Glück, Mystica bemerkte nicht, dass sie sich mit der Klasse aus dem Staub gemacht hatte. Gerade als sie das Ende des Flurs erreicht hatte, hörte sie ein lautes Krachen, gefolgt von lautem Gebrüll: »Verfluchter Froschaugenlikör! Wer hat den hier auf den Boden geschmiert?«

Kapitel 3

Die Finsternis hatte die Macht nun an sich gerissen und liess die Höhle in vollständiger Dunkelheit versinken. Gargonda spürte eine Angst, die er noch nie zuvor gespürt hatte. Lag es an der Stille der Nacht? Etwas kroch langsam an seinem Rücken empor. Einen Moment lang erstarrte der Riese, denn er dachte, es wäre ein Gnom, doch als er den linken Arm hastig und prüfend auf den Rücken schlug, als wolle er den Übeltäter erschlagen, bemerkte er, dass es bloss der feuchte und kalte Nebel des Baches gewesen war. Man konnte es nicht leugnen, am Abgrund lebten viele Kreaturen, bei denen man sich gut daran tat, sich von ihnen fernzuhalten. Gnome waren noch lange nicht das Leidigste. Sie waren klein, kleiner als Zwerge oder Kobolde, und ihre Zauberkräfte waren so schwach, dass ein Riese, wie Gargonda einer war, keine Furcht verspüren musste. Nur vor den Zähnen musste man sich in Acht nehmen. Der Biss eines Gnoms konnte üble Folgen haben: Cartiga, der Anführer der Grogs, war einmal in den Finger gebissen worden. Seit diesem Biss war sein linker Daumen schwarz und Gargonda glaubte, Cartiga deswegen manchmal schluchzen zu hören. Wahrhaftig, der Wald war gefährlich! Gewiss begegneten die Grogs nur vereinzelt einem Waldwesen, und das ergriff beim Anblick der Riesen die Flucht. Jetzt war er aber alleine, und der gespenstische Wald war nicht länger ein beherbergendes Zuhause. Da! Ein leises Ziepen war zu hören. Noch bevor sich Gargonda die Frage nach dem Ursprung des Geräusches hatte stellen können, schramm sein Kopf haarscharf an der Decke der Höhle vorbei. Er hatte endgültig genug von der Höhle! Er erhob sich und versuchte sich beinahe stehend, mit eingezogenem Kopf, aus der Höhle zu befreien. Erde löste sich bei der Berührung der Decke und rieselte über den Schopf des Riesen. Schliesslich hatte er es geschafft und atmete seit langer Zeit den ersten Atemzug frischer Waldluft ein. Er konnte fühlen, wie sich die kühle Luft den Weg in seine Lunge bahnte und ihm frisches Leben einhauchte. Es würde nicht mehr lange dauern, bis der Morgen anbrach und die Dunkelheit verschwinden würde. Folglich machte er sich auf den Weg. Wohin? Das wusste er nicht.

Kapitel 4

Ene mene Zauberschreck, ab heute bin ich weit weit weg!«

Ati hatte beschlossen, sich weit weg zu zaubern. Bestimmt würden es ihre Eltern zu Hause bald erfahren, was an diesem Morgen in der Schule geschehen war, und dann würde die alte Hexe ihnen auch erzählen, dass sie die Kristallkugel gestohlen hätte, obwohl sie wahrlich keinen Schimmer von deren Verbleib hatte. Jedenfalls sah Ati keine Möglichkeit, nach Hause zu gehen. Sie war ohnehin das, wie man so schön sagt schwarze Schaf der Familie. Ihre ältere Schwester Ehni war eine entzückende Hexe mit ausserordentlichen Zauberkünsten und Schulleistungen. Ati hingegen war die Schule viel zu anstrengend. Meistens nahm sie ihr Schlafkissen sogar mit in die Schule, auch wenn man ihr verboten hatte, in der Schule zu schlafen, doch das war einfacher gesagt als getan! Sobald sie die Eingangstür der Schule betrat, wurden ihre Augenlieder schwer, und beim Einatmen der stickigen Luft im Schulgebäude musste sie immer laut gähnen. Bei dem Versuch, den ganzen Morgen über wachzubleiben, was eine riesige Herausforderung war, hatte sie dann keine Tatkraft mehr, die Hausaufgaben zu notieren oder Zutaten für Zaubertränke einzupacken. Beim erstmaligen Erklingen der Schulglocke rannte Ati immer so schnell wie möglich aus dem Klassenzimmer, um keine Zeit mehr darin vergeuden zu müssen. So war es auch an diesem Morgen, nur hatte sie es jetzt erst recht eilig, denn die Mystica war offenbar beim Ausrutschen auf dem Teppich, der den Froschaugenlikör hätte verdecken sollen, hingefallen und schmerzhaft zu Boden gekommen.

Was hatte sie sich dabei gedacht? Kaum hatte sie ihren Zauberspruch ausgesprochen, wurde Ati samt Besen durch die Luft gewirbelt und drehte sich so schnell um sich selbst, dass ihr ganz schwindelig wurde. Mit einem dumpfen Aufprall stürzte sie an einem unbekannten Ort zu Boden. Benommen vom heftigen Flug durch die Luft, versuchte Ati, die fremde Umgebung auszuspähen. Sie glaubte, Bäume und Tannen zu erkennen, doch sicher war sie sich zugegeben nicht. Wie auch? Wenngleich sie auf mürber Erde aufgeschlagen war und regungslos liegen blieb, drehten sich ihre Augen immer noch weiter. Ihr war ganz schwindelig, und auch nach mehreren Versuchen gelang es ihr nicht, sich auf die Beine zu hieven. Sie kroch auf allen Vieren über die Erde und lehnte sich an etwas, das sich anfühlte wie ein abgetrennter Baumstamm. Sie betastete die Umgebung mit den Händen. Ein penetranter Geruch stieg ihr in die Nase. Es roch nach Schmauch und Rauch. Es schien so, als hätte ein heftiges Feuer dieses Waldstück heimgesucht. Die Wälder, die Ati kannte, sahen nicht so aus wie dieser; sie waren bunt, und viele farbige und duftende Blätter schmückten sie. Wenn man leise war und lange genug wartete, konnte man Rehe und Eichhörnchen erspähen und in der Dämmerung, wenn die Vögel anfingen das Gute-Nacht- Lied zu singen, stimmten die Kobolde mit ihrem ulkigen Gesang ein, und es entstand eine bezähmende Melodie. Das ungleiche Duett fand seine schönste Blütezeit im Tanz der Elfen, die mit grazilen und feinen Bewegungen das betörende Chanson abrundeten. Doch Elfen tanzten nicht nur zur Musik, sie glitzerten und leuchteten dabei auch noch. Trotzdem musste man sich von den Elfen unbedingt fernhalten! Gewiss waren sie klein und zierlich, doch wenn sie bemerkten, dass sie beobachtet wurden, streuten sie dem Störenfried Elfenstaub in die Augen und er erblindete. Doch in diesem abgebrannten Teil des Waldes würde man keinesfalls auf Kobolde und Elfen treffen, denn sie liebten Verstecke und dunkle, verborgene Eingrabungen. Donner war zu hören und ein kalter Windstoss schoss durch Atis Haare und wirbelte sie energisch auf. Ihr Interesse galt nun nicht mehr der Umgebung, sondern ihren Händen. Sie waren schwarz und die Haare, welche sie wieder an die ursprüngliche Stelle zurechtgerückt hatte, waren ebenfalls schwarz gefärbt. Sie drehte sich, immer noch sitzend, wild um sich und versuchte herauszufinden, wieso ihre Hände pechschwarz waren. Die Augen kreisten nicht mehr um sich selbst und sie konnte sich nun erheben. Die Beine wackelten noch ein bisschen, aber immerhin konnte sie nun stehenbleiben, ohne gleich wieder umzufallen. Was war das? Nicht nur die Hände waren schwarz gefärbt, sämtliche Kleidungsstücke waren befleckt! Wie konnte das sein? Ein langer Seufzer entwich bei diesem Anblick ihren Lippen und schallte durch den leeren Wald. Das kleine Herzchen pochte leise, und es wurde schwerer und schwerer. Warum regte sie sich eigentlich über verschmutzte Klamotten auf? Sie war im Wald, alleine und wusste nicht, was sie machen sollte. Als sie den Kopf abermals drehte, um die Gegend zu erspähen, entdeckte sie die schwarze Quelle, die ihre Tracht besudelt hatte. Wie sie schon vermutet hatte, hatte sie sich nach ihrer plötzlichen Landung im Wald an einen Baumstamm gestützt. Er musste jedoch auch vom Feuer heimgesucht worden sein, denn nur noch die Überreste des einst prächtigen Baumes bestanden leblos in der kargen Waldlandschaft fort. Der Baumstamm war nicht, wie Ati angenommen hatte, abgebrochen, sondern niedergebrannt. Feine, verkohlte Stückchen stellten mehr eine Attrappe dar als die Silhouette eines Baumstammes. Ati liess ihren Blick über das ganze Waldstück schweifen, das sie auf einen Blick wahrnehmen konnte. Hier war es nicht schön, hier konnte sie nicht bleiben! Ihr Magen knurrte, und zu ihrem Verdruss begann es auch noch zu regnen. »Schnell weg hier, bevor der Regen noch schlimmer wird!« Sie hastete behutsam über den schlammigen, nassen und pampigen Boden, dessen Blätterschicht genauso düster getüncht worden war wie die Überreste des Waldlandes. Ati rannte ziellos in die weite Ferne. Hätte sie doch nur ihren Besen. Ihr Besen! Klatsch, Klatsch, Klatsch! Ehe Ati das dritte Mal in die Hände geklatscht hatte, war ein lautes Flügelschlagen zu hören. Selbstverständlich hatte Ati keinen normalen Besen. Sie hatte einen Hexenbesen. Dieser Zauberbesen jedoch war noch aussergewöhnlicher als es Hexenbesen sowieso schon sind: Er hatte Flügel auf beiden Seiten. Atis Hexenbesen war ein Geschenk ihrer Eltern zum Schulanfang gewesen. Ati mochte den Besen anfangs nicht. Ein Hexenbesen ist ein besonderes und geheimnisvolles Hexenutensil, manche behaupten sogar, Hexenbesen würden leben, doch wissen konnte man das nicht. Die Eltern hatten Atis Besen damals in eine Schachtel verpackt und mit einer Schleife zu einem Geschenk dekoriert. Dem Besen musste es allerdings zu eng gewesen sein, denn als ihr die Eltern das Geschenk überreichen wollten, war es verschwunden. Die Suche nach dem Besen dauerte einen ganzen Nachmittag, doch es war zwecklos, der Besen blieb verschollen. Jedenfalls hatte Ati damals keinen Hexenbesen geschenkt bekommen, sondern ein altes Schuletui. Ihr Papa hatte ihr das Geschenk überreicht, aber das Etui war

nicht als Präsent verpackt gewesen, sondern in einer alten Papiertüte, deren Aufschrift man heute nicht mehr lesen konnte, aufbewahrt worden. Normalerweise lächelte Atis Papa sie immer an, wenn er ihr etwas überreichte, und die kleine Hexe glaubte zu vernehmen, wie sich ihre Eltern Blicke zuwarfen, ganz so, als wären sie sich nicht sicher, was Ati von dem Geschenk halten würde. Mit brüchiger Stimme erklärte ihr Papa, dass dieses Etui ein Familienerbstück sei und Grossmutter es ebenfalls während ihrer Zeit an der Hexenschule schon gebraucht hätte. Die Mutter nickte und piepste. Ati schaute ihre Eltern mit einem durchdringlichen und scharfen Blick an, dann, Ati wird diese Szenerie nie vergessen, lächelte ihr Papa verlegen, fuhr sich mit der Hand durch seine dunklen Haare, die ab und an einen Graustich aufkeimen liessen und verschwand, ohne ein Wort zu sagen, aus dem Zimmer. Die Mutter folgte ihm. Zurück blieb Ati in ihrem Zimmer, konfus, mit einem Etui in der Hand, das schon bei der kleinsten Berührung zu verfallen drohte. Heimlich hatte sie das Etui in ihrem Schrank versteckt und die Schreibstifte in einer Kartonschachtel mit zur Schule genommen. Mit diesem Etui konnte sie sich nicht blicken lassen! Einige Tage vergingen, als es plötzlich an der Tür klopfte. Ati öffnete sie, aber es stand niemand davor. »Ein dummer Streich.« Sie schloss die Tür wieder. Abermals klopfte es. Leise tippelte die junge Hexe erneut zur Tür und spähte durchs Schlüsselloch – und wieder war niemand zu sehen. »Grr.« Ati wurde wütend und schrie: »Verzieh dich!« Dann beschloss sie, schneller zu sein als der Unbekannte vor der Tür und spähte ununterbrochen durchs Schlüsselloch, schliesslich musste sich der Unentdeckte irgendwann zeigen, und so lange würde sie warten. Zum Glück hatte ihre Eingangstür immer noch ein Schlüsselloch. Für gewöhnlich waren Hexen- und Zaubererhäuser mit Zaubersprüchen verschlossen und nicht mit einem Schlüssel. Das wäre viel zu einfach, da könnte man sie gleich offen lassen, denn Schlüssellöcher zu knacken war das Einfachste der Welt! Sogar kleine Hexen und Zauberer konnten sie öffnen. Auch Atis Haus war mit einem Zauberspruch verschlossen worden, aber ihr Grossvater hatte diese Eingangstür handgefertigt und so auch ein Schlüsselloch angebracht. Damit wollte er die Kobolde vom Haus fernhalten, denn ein Schlüsselloch war ein Hinweis auf ein Menschenhaus, und die Menschen hatten nichts, was die Kobolde stehlen wollten. Überhaupt wusste Ati nicht, wo die Menschen wohnten. Sie waren vor langer Zeit vor den Riesen geflohen. Ati verharrte einige Minuten, das Schlüsselloch immer mit beiden Augäpfeln bewacht, doch die Minuten kamen ihr wie Stunden vor, in denen nichts geschah. Doch dann, als sie sich gerade die Augen reiben wollte, hörte sie ein leises Geräusch vor der Türe. Da! Wieder! Das Geräusch wurde lauter und es klang wie Besenwischen. Hä? Sie hatte genug gewartet! Sie zählte auf drei: »Eins, zwei, drei!« Dann riss sie die Tür mit lautem Krach auf, erneut war niemand zu sehen. Langsam liess sie ihre Pupillen auf die rechte, dann auf die linke Seite gleiten – und dann ganz schnell wieder auf die rechte. »Ich weiss, dass du da bist! Zeig dich endlich!« Aber es meldete sich niemand. »Feigling!« Ati drehte sich um, griff nach dem Türgriff und wollte diese gerade schliessen, als sie hinterrücks von einem harten, holzigen Stiel getroffen wurde. Sie fiel mit einem lauten »Autsch« zu Boden. In Windeseile stand sie wieder auf den Füssen, sie würde es dem Angreifer zeigen. Sobald sie sich sicher war, dass ihre Beine den Körper wieder tragen konnten, holte sie mit geballter Faust zum Gegenangriff aus. Zielsicher schwang sie die Faust Richtung Angreifer, bis sie bemerkte, dass gar kein Eindringling vor ihr stand, es war ein Besen! Der Besen flog direkt auf sie zu. Was sollte sie tun? Er kam näher und näher und näher – sie packte den Stiel des Besens und flog weiter, als wäre nichts geschehen. Ati hing nun wie nasse Wäsche am Besen, während dieser durchs ganze Haus flog: den Flur hinauf, durch die Küche, ins Schlafgemach der Eltern über das Zaubertrankvorratszimmer und durch ein offenes Fenster wieder aus dem Haus. Ati schrie wie wild, zappelte und bat den Besen darum, sie runterzulassen. Der Besen aber setzte seinen Flug fort, die arme Hexe immer noch hängend an sich geklammert. Was sollte sie tun? Lange konnte sie sich nicht mehr festhalten. Zu ihrem Ärger flog er immer höher und höher und die Häuser und Bäume unter ihr wurden kleiner und kleiner. »Lass mich runter, ich kann mich nicht mehr halten!« Der Besen gehorchte nicht, im Gegenteil, er fing sich an zu drehen. Ati hatte keine Kraft mehr. Wenn sie sich doch nur an den Zauberspruch erinnern könnte. Sie hatten in der Schule vor langer Zeit einmal einen Zauberspruch gelernt, wie sie sich in der Luft schweben lassen konnten, aber Ati konnte sich den Spruch schon damals nicht merken. Schliesslich ist es auch langweilig in der Luft zu schweben, da gibt es viel bessere Zaubersprüche, zum Beispiel wie man einen Elefantenrüssel hexen kann. Sie musste sich jetzt jedoch eingestehen, dass es ganz praktisch gewesen wäre, wenn sie sich an den ersten Zauberspruch hätte erinnern können. Eine Drehung, zwei Drehungen, Ati hatte keine Kraft mehr und liess sich fallen. Sie befand sich in solch luftiger Höhe, dass sie den Aufprall bestimmt nicht überleben würde. Die Arme wild in der Luft umherschlagend, sah sie dem sicheren Tod entgegen. Sie kniff die Augen zusammen, obwohl sie wusste, dass es keinen Sinn machen würde. Gefasst auf heftige, tödliche Schmerzen, flog sie auf den Boden zu, doch sie schlug nicht auf. Anstelle des Bodens lag sie auf einem Holzstiel. Der Besen hatte sie aufgefangen. Er musste bemerkt haben, dass sie losgelassen hatte, und fing sie in letzter Sekunde auf. Sanft brachte er die zitternde und kreidebleiche Hexe auf den sicheren Boden zurück und blieb neben ihr liegen. Ati brauchte einen Moment, um sich zu fassen. Eben noch hatte sie gedacht, sie würde sterben und nun stand sie vor ihrem Haus und der Besen lag neben ihr, als wäre er ein gewöhnlicher Besen. Nein, sie hatte nicht geträumt, das war wirklich geschehen! Energiegeladen stand sie vor den Besen: «Was bist du? Du hättest mich fast umgebracht!« Als sie ihn weiter tadeln wollte, begann ihre Stimme erst zu zittern, dann schrie sie, und zum Schluss bebte sie förmlich. »Weisst du, was ich mit dir mache? Ich werde dich in unseren Kamin werfen und das gesamte Brennholz brauchen, um dich zu verbrennen!« Auf Atis Worte hin richtete sich der Besen auf. Er schien gekränkt. Den eben noch festen Stiel aus Holz liess er hängen, wie wenn eine gekränkte Hexe oder ein gekränkter Zauberer den Kopf hängen liess. Er flog nun nicht mehr, sondern spaltete seine Borsten in zwei Hälften. Es sah aus, als hätte er nun zwei Füsse, auf denen er gehen konnte. Ati musterte den Besen verwirrt. Sie hatte ihn mit ihren Worten offenbar verletzt. Sie wusste nicht, warum sie es sagte, vielleicht weil sie Mitleid mit dem verbitterten Besen hatte: »Ich habe das nicht so gemeint. Tut mir Leid. Wenn du möchtest, dann kannst du ja eine Weile bei uns bleiben.« Schnurstracks wendete sich der Besen, flog erneut auf Ati zu, und ihr drohte schon wieder ein halsbrecherischer Flug auf dem verzauberten Besen. Gerade noch rechtzeitig schrie sie: »Stopp!«, und der Besen kam eine Nasenlänge vor Ati zum Stillstand. »„Ich sagte nicht, dass ich nochmals auf dir fliegen möchte, ich lebe lieber etwas länger.« Als Ati wieder ins Haus zurückkehrte, flog der Besen in Kreisen um sie herum, so, als würde er sich freuen. Die Eltern und Ehni waren von den lauten Schreien Atis wachgeworden und begegneten Ati, als sie mit dem Zauberbesen zur Tür herein kam. Ati erzählte ihrer Familie vom verrückten Flug auf dem Zauberbesen, und erst Wochen später erklärten ihre Eltern, dass der Besen eigentlich ein Geschenk zu Atis erstem Schultag war. Er war allerdings entwischt, bevor sie ihn überreichen konnten. Obwohl Ati ihren Besen nun schon eine ganze Weile hatte, blieb er genauso eigen und störrisch, wie an jenem Tag, als er an ihrer Haustür angeklopft hatte. Aus diesem Grund hatten ihm Atis Eltern Flügel auf beiden Seiten hingezaubert, damit der Besen dorthin flog, wo auch Ati hinfliegen wollte. Ein Besen mit Flügeln hatte aber noch etwas Praktisches: Da Ati sowieso andauernd ihre Sachen vergass, musste sie nur kurz in die Hände klatschen und der Besen flog mit den zusätzlichen Flügeln so schnell, dass er im Nullkommanichts bei ihr war. »Bring mich irgendwo hin, wo es schöner ist als hier!« Der Besen gehorchte, senkte sich so tief Richtung Boden, dass Ati ohne Mühe aufsteigen konnte und flog los. Zum Glück musste Ati den Besen nicht steuern, denn er flog so schnell, dass ihr Tränen aus den Augen flossen Da, am Horizont waren Sonnenstrahlen zu sehen und Ati glaubte, bald das Ende dieses düsteren Waldes erreicht zu haben, da krachte sie heftig und unkontrolliert samt Besen in ein Netz, das jemand offenbar an einem dürren Ast eines vergleichsweise wenig verbrannten Nadelbaumes angebracht hatte. Ati fuchtelte und zappelte einen Moment lang wie ein Fisch, den man aus dem Wasser gezogen hatte, in dem Netz. Nichtsdestotrotz musste sie sich eingestehen, dass sie in eine Falle geraten war!

Kapitel 5

Der Tag war angebrochen, aber Gargonda war so müde von der vergangenen Nacht, die er in der unheimlichen Höhle verbracht hatte, dass er ausgestreckt mitten auf einer Lichtung lag und laut vor sich hin schnarchte. Hier auf der Lichtung gab es nichts, das ihn hätte schützen können. Allemal war er ein Riese, doch er war ein sehr kleiner Riese, und im Wald lauerten Geschöpfe, die man sich nicht einmal in einem schlimmen Albtraum hätte vorstellen können. Gargonda kümmerte dies aber nicht, er hatte es nicht einmal bemerkt, als ihm die Augenlider zugefallen waren, und so schlief er tief und fest mit einem Schnarchen, das so laut war, dass vermutlich die meisten Geschöpfe des Waldes daran erschauderten. Ungehorsam knurrte sein Magen vor sich hin und beschwerte sich über die Leere, die seit der Verbannung aus dem Clan der Grogs ein alltägliches Übel geworden war. Die Säure im Magen war deutlich zu spüren, und es fühlte sich an, als würde der Magen sich selbst verdauen. Gegenwärtig war der Drang nach Schlaf grösser, doch irgendwann würde der knurrende Magen ihn jäh aus dem Schlaf reissen, das war gewiss.

Vielleicht würde ihm die Falle, die er oberhalb eines Baumes angebracht hatte, etwas zu essen liefern, doch weil der grösste Teil des Waldes abgebrannt war und dessen Bewohner geflohen waren, war die Hoffnung, etwas zwischen die Zähne zu bekommen, schwindend klein. Er träumte vor sich hin, doch es war nicht nur ein Traum, den er phantasierte, sondern mehrere: Einmal war er in einer Höhle, aber es war nicht eine dieser finsteren und düsteren Höhlen, sie war hell und freundlich und überall waren Kobolde, die ihm Früchte von verbotenen Bäumen mit Feenstaub servierten, und einmal jagte er ein Schaf, das so gross war, dass man in seinem Skelett hätte wohnen können, selbst wenn man wie Gargonda ein Riese war. Das Schaf weidete auf einer saftigen Weide, und Gargonda hatte sich auf Zehenspitzen angeschlichen und war dem Schaf bald so nahe, dass er nach ihm greifen konnte. Eigentlich waren Gargondas Hände zu klein, um das riesige Schaf zu fangen, doch es war ein Traum, und so wurden seine Hände plötzlich grösser. Ein kleines Stückchen fehlte noch, bis er es erreichen konnte, langsam schlich er sich näher heran, noch ein Stückchen näher, gleich würde er es fassen können, aber dann war urplötzlich ein riesiger Krach zu hören, das Schaf erschrak und rannte Hals über Kopf davon. Er schaute sich um, aber er konnte die Herkunft des Kraches nicht genau zuordnen. Dann, wie aus dem Nichts, sprach eine Stimme zu ihm: »Wach auf du riesiges Monster und hilf mir! Hallo! Aufwachen!« Gargonda schaute sich energisch um, aber er konnte niemanden entdecken, und auch das riesige Schaf war längst nicht mehr zu sehen. »Aufwachen!« Je lauter die Stimme wurde, desto ferner schien der Wald, in dem er jagte, und auch die Kobolde mit den Feenleckereien waren nicht mehr zu sehen. Da, die Stimme sprach abermals. Gargonda wurde aus dem Wald gezogen, wie wenn er ein kleines Mäuschen wäre, das man aus seinem Erdbau zog. Noch einmal sprach die Stimme zu ihm, doch ihr Klang hatte sich in ein Kreischen gewandelt. Schlagartig wachte der Riese auf, und die Augenlider sprangen wie losgelassene Gummibänder in die Höhe. Er schien verwirrt, er hatte doch nur geträumt! Bestimmt hatte sein Magen ihm einen Streich gespielt, oder etwa nicht? Er richtete sich auf und rückte sich in eine sitzende Position. Sein Blick schweifte prüfend in einer kreisförmigen Bewegung durch die Lichtung. Als die letzte Stelle durchforscht war, war er sich sicher, er hatte nur geträumt! Ein tiefer Seufzer der Erleichterung löste sich von seinen Lippen. »Na end-

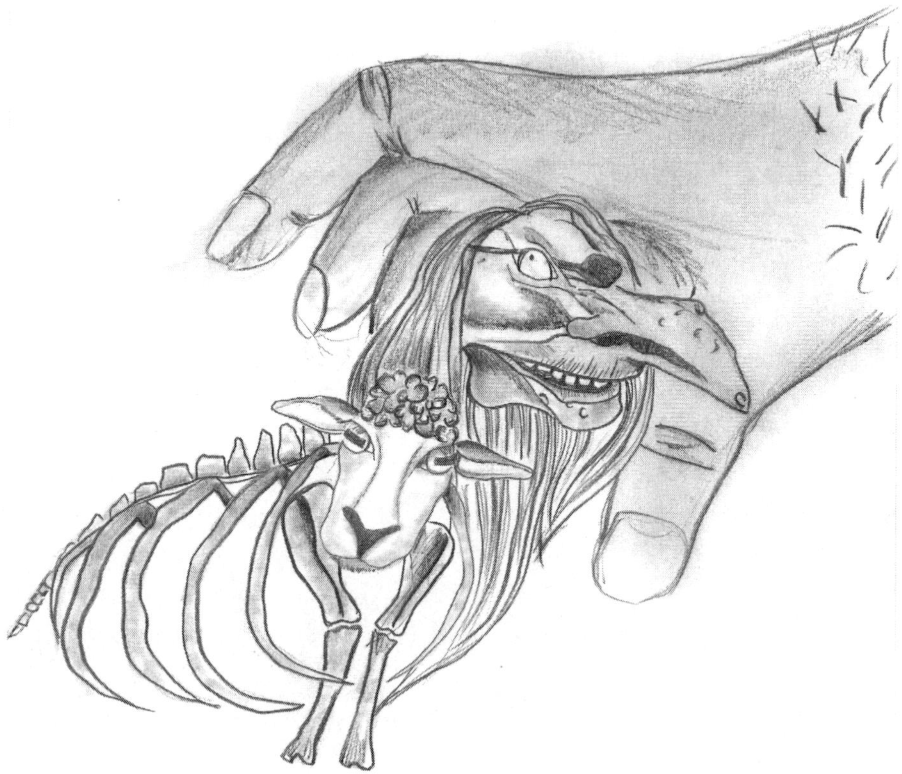

lich! Ich dachte schon, du wärst aus Stein!« Beim erneuten Klang der Stimme, fuhr er heftig zusammen, doch dieses Mal musste er nicht lange suchen, woher die Stimme kam: Seine Falle hatte zugeschnappt!

Was die Falle jedoch geschnappt hatte, war nicht das, was er sich erhofft hatte und erst recht nichts, was er essen wollte. Er hob sich empor und blickte nun gradlinig in die Baumkrone. Ein kleines Geschöpf hatte sich im Netz verfangen. Als es den Riesen in seiner vollen Grösse erblickte, schien es sich zu fürchten, denn es begann zu zittern. Gargonda betrachtete es, doch es streckte den Kopf zwischen die Beine und rührte sich nicht. Da stupste er es mit dem Finger. »Au! Spinnst du? Ich bin klein und mag es nicht, wenn man mich stupst, dein Finger ist viel zu gross!« Hastig zog der Riese seinen Finger wieder zurück. »Hast du dieses Netz gespannt? Bin ich dein Essen?« Ein feines Grunzen war zu vernehmen, ansonsten rührte sich der Riese nicht, sondern blickte weiter auf das kleine, zierliche Wesen im Netz. »Jetzt sprich schon! Wenn du mich fressen willst, dann friss mich lieber gleich!« Aber der Riese sagte nichts, sondern betrachtete das Wesen neugierig. »Kannst du nicht sprechen?« fragte die kleine Hexe neugierig. Wieder grunzte der Riese. Es war ein merkwürdiges Grunzen und ähnelte eher einem komischen Knurren, doch angsteinflössend war es nicht, es war seine Grösse, die Ati beeindruckte. Sie musterte den Riesen sorgfältig. Er trug keine richtigen Kleider, wie Hexen und Zauberer dies taten, aber nackt war er auch nicht: Waren das Hosen, die er trug? Etwas Braunes wie Leinen war um seine Hüftgegend gewickelt und wurde mit einer dunkelbraunen Kordel an seinem Platz festgehalten. Seine Brust bedeckte ein modrig aussehendes Tuch mit einigen Flecken. Ati schaute zu seinen Füssen hinunter. Sie waren nackt und zerkratzt. Eine dicke Hornschicht hatte sich über den ganzen Fuss gebildet, und sie fragte sich, ob er die Kratzer überhaupt bemerkt hatte, denn offenbar hatten diese die Hornhautschicht nicht durchtrennt. Ein zarter Hauch des Windes wehte den beissenden penetranten Schweissgeruch des Riesen in Atis zartes Näschen und sie begann die Nase zu rümpfen. »Du stinkst!« Gargonda schien die Hexe nicht zu hören, sondern starrte sie ununterbrochen an. Schliesslich beschnüffelte er sie mit seiner gigantischen Nase, die so gross war wie Atis ganzer Kopf. »Ich stinke nicht. Weisst du auch, warum ich nicht muffe? Weil ich ab und an dusche!« Der Riese wich einen Schritt zurück, als hätte er sich erschrocken. Plötzlich weiteten sich seine Augen und die weisse Farbe des Augapfels war zu erkennen. Ati zuckte so fest zusammen, dass das ganze Gefängnis, welches aus dem gleichen Material zu bestehen schien wie die Hosen des Riesen, zu zittern begann. Hatte sie zu viel gewagt? Ihr blödes Mundwerk, wenn sie doch nur erst denken und dann sprechen würde! Warum war es so schwierig für sie, auf andere zu hören? In der Schule hatte man ihr immer gesagt, sie würde sich viel Ärger ersparen, wenn sie erst nachdenken würde, bevor sie sprach. Sie konnte einfach nicht anders – die Worte purzelten ihr aus dem Mund wie eine Schneelawine den Berg hinunter, plötzlich und unaufhaltsam. »Sieh ihm bloss nicht in die Augen, sonst wird er noch wütender.« Fest entschlossen drängte sie ihren Blick auf den Boden, der nun noch weiter entfernt schien als bis anhin. Wieder schweifte ihr Blick über die Leinenhosen des Riesen. Sie bemerkte, wie kurz seine Hosen waren, sie bedeckten seine leberwurstartigen Beine nur bis zu den Knien. Der Gedanke, dass sie nun in der fehlenden Hälfte der Hosen gefangen war, ging ihr nicht aus dem Kopf. Warum zur Hölle sorgte sie sich um die fehlende Hälfte der Hosen – sie sass in einem unüberwindbaren Gefängnis! Selbst wenn sie der Riese nicht frass, einen Sturz aus dieser Höhe würde sie nicht überleben.

Nicht einmal ihr Besen wäre schnell genug, sie vor dem tödlichen Aufprall aufzufangen. Wo war ihr Besen eigentlich? Sie sass auf dem Besen, als sie in die Falle geriet. Hastig suchte sie den Grund des Waldes ab, zwecklos. Energisch und aufbrausend drehte sie sich im Netz, streckte eine Hand hinaus und stocherte mit den Fingern in die Luft. Das energische Treiben war dem Riesen nicht entgangen. Neugierig betrachtete er das kleine Geschöpf in seiner Falle: Einen Moment lang klammerte es sich entschlossen an den Maschen des Netzes fest, doch kaum einen Wimpernschlag später hatte es sich auf die andere Seite gedreht und fuchtelte mit der ganzen Hand in der Luft. Gargonda fragte sich, ob man mit so einer kleinen Hand überhaupt in der Lage war, etwas in den Händen zu halten oder zu fangen. Er erinnerte sich an die Grogs, wie sie Fische im Wasser mit der blossen Hand zur Faust geballt erschlugen. Dieses kleine Wesen würde sich nicht einmal gegen einen Kobold behaupten können. Ein Stöhnen riss Gargonda aus seinen Gedanken. Offenbar hatte die kleine Hexe gefunden, wonach sie gesucht hatte, doch der Versuch, sich in die Richtung dorthin zu bewegen, missglückte. Ati hatte sich vom Netz auf die eine und dann wieder auf die andere Seite schwenken lassen, vielleicht würde dabei die Leine, die sprunghaft an der Rinde des Baumes kratzte, zerreissen? Zugegeben war diese Idee nicht ganz durchdacht gewesen, denn wenn die Leine riss, fiele sie schmerzhaft zu Boden und das von einer schwindelerregenden Höhe. Es war ein mahnendes, ohnmächtiges Gefühl, das sich in ihren Bauch geschlichen hatte. Sie könnte ein kleines bisschen Hoffnung aufbringen, würde ihr der Zauberspruch einfallen, der sie schweben liesse, doch sie hatte ihn sich noch nie merken können. Ironischerweise erschien Mystica nun bildlich vor ihren Augen, wie sie mahnend den Zeigefinger in die Luft streckte, auf ihren hochglanzpolierten Stöckelschuhen herumstakselte und sich mit der noch freien Hand über die komplett haarfreie Zone ihres Damenbartes strich. Obwohl Ati sich immer während Mysticas Tadelparolen hätte schuldig fühlen müssen, beobachtete sie deren Falten, die wie zerknitterte Kleidung an der Wäscheleine von ihrem Gesicht herunterhingen, wobei die Kleidung immerhin die Hoffnung darauf hatte, glattgebügelt zu werden. Die Auf- und Ab- Bewegungen des Mundes zogen die Runzeln willkürlich mit sich, wie wenn man einen Löffel durch Kartoffelpüree zog. Immer wenn sich das faltige Kartoffelpüree mit dem komplett haarfreien Damenbart auf seinen hochglanzpolierten Stöckelschuhen zu Ati hinunterbückte, musste die kleine Hexe laut kichern, und Mystica schien die erst wiedergefundene Fassung erneut zu verlieren. Zu ihrem Verdruss war in dieser kläglichen Lage weit und breit kein sprechendes Kartoffelpüree, das sie hätte retten können, zu sehen, und zu allem Übel dazu hatte sich ihr linker Fuss im Netz verfangen. Na toll, erst verfängt sie sich in einem Netz und nun verfängt sie sich, gefangen im Netz auch noch den Fuss! Das konnte auch nur ihr passieren. Kopfüberhängend im Netz schwenkte sie zappelnd, wie ein unter Strom gesetztes Eichhörnchen, weiterhin abwechslungsweise zur linken und zur rechten Seite. Was als verhaltenes Wiegen begann, war nun zu einem ausbruchsicheren Zuchthaus mit Brechreizgarantie angewachsen. Wenn sie noch länger hin und her geschaukelt werden würde, konnte sie nicht länger für den Verbleib ihres Mageninhaltes garantieren. »Hey du! Steh nicht so blöd da! Siehst du nicht, dass ich ein bisschen Hilfe gebrauchen könnte?« Gargonda, der dem aussergewöhnlichen Treiben in seinem Netz mit einem beherzten Aufschlucken Aufmerksamkeit beisteuerte, liess sich noch einen Moment Zeit, um das unterhaltsame Schauspiel ausklingen zu lassen. Ati glaubte, in seinem Aufschlucken so etwas wie ein Lachen vernehmen zu können, doch konnten Riesen lachen? »Lachst du etwa? Das ist nicht lustig! Hol mich endlich raus!« Der Riese gehorchte und löste die leicht angerissene Leine vom Ast des Baumes, dann setzte er das Netz sanft auf dem Boden ab. Er nahm je zwei Maschenstränge zwischen seine dicken Wulstfinger, und mit einem kurzen Zupfen hatte er ein Loch ins Netz gerissen, das gross genug für Ati war, um hinauszuklettern. Mit knappen Wischbewegungen befreite sie sich von der staubigen Erde, die an ihrem Rock haftete. Den Hexenhut schüttelte sie hastig auf und ab und dann, um sicher zu gehen, dass kein Staub mehr austrat, auch noch hin und her. Dann setzte sie sich den Hut wieder auf den Kopf und fing hastig an, mit den Füssen den Boden abzutasten in der Hoffnung, auf jene Stelle zu treffen, an der sie ihren Besen vom Netz aus vermutete. Die Höhe war trügerisch und es war schwer, die Stelle aus dieser Perspektive erneut zu taxieren. Ein aufgewirbelter Blätterhaufen deckte schliesslich das verloren geglaubte Gut auf. Ati eilte zu ihrem Besen hin und zog das Ende des Stiels aus dem Blätterhaufen. Zu ihrem Entsetzen hielt sie nur die eine Hälfte ihres Besens in den Händen. Eine fürchterliche Bruchstelle bewahrheitete ihre schlimmste Befürchtung: Der Besen war zerbrochen! Ati klatschte einmal, zweimal, dreimal in die Hände, doch der Besen regte sich nicht. Vielleicht hatte er sie ja nicht gehört. Sie wiederholte das Ganze noch einmal und noch einmal, doch der Besen rührte sich nicht von der Stelle. Die Füsse des Riesen waren direkt vor ihr. Hätte sie nicht gewusst, dass dies die Füsse eines Riesen waren, hätte man sie glatt mit einer komisch geformten Hügellandschaft verwechseln können, und seine Zehennägel wären dann lauter gelb gefärbtes Geröll gewesen, das von seinen Zehenhaaren, die wie Sträucher aussahen, bedeckt wurde. Sie bemühte sich, dem Riesen in die Augen zu sehen, aber sie musste den Kopf so stark ins Genick senken lassen, dass dies auf Dauer sicherlich

schmerzhaft werden könnte. Als sie seine Augen traf, bemerkte die kleine Hexe, dass der Riese sie offenbar schon länger betrachtete als sie ihn, doch nun empfand sie keine Angst mehr, er würde sie nicht fressen, da war sie sich sicher, auch wenn sie sich diese Sicherheit nicht erklären konnte. Sie räusperte ein feines »Danke« und der Riese grunzte darauf. Ati glaubte zu wissen, dass dieses Grunzen so etwas wie »gern geschehen« oder »bitte« bedeutete. Ein Augenblick der Stille trat ein, doch keiner der beiden wendete seinen Blick ab, erst als Atis Kopf vom Hochstarren anfing zu schmerzen, senkte sie ihn. Könnte sie besser zaubern, hätte sie sich einen Giraffenhals gehext, doch ausser Popelpudding und Koboldnierensirup konnte sie nicht viel hexen. Wenn sie je wieder zur Schule ging, würde sie sich dieses Zauberwissen gleich nach dem Schwebezauber aneignen.

Kapitel 6

Schweissgebadet schlurfte Ati dem Riesen hinterher. Ihr Mund war trocken und ein hässlicher Blutgeschmack hatte sich in ihrem Gaumen ausgebreitet. Es war nur noch eine Frage der Zeit, bis sie den Anschluss zum Riesen verlor. Er machte riesige Schritte und obwohl Ati ihn gebeten hatte, langsamer zu gehen, schien er ihrer Bitte nicht nachzukommen. Anscheinend lag es nicht in der Natur eines Riesen, sowas wie Einfühlungsvermögen zu zeigen. Zwei Schritte des Riesen bedeuteten deren hundert für Ati. Im Eiltempo versuchte sie nachzukommen, denn auf keinen Fall wollte sie alleine in diesem Wald zurückbleiben. Wenn hier schon Riesen lebten, was würde man wohl sonst noch alles darin vorfinden und dazu kam noch die viel wichtigere, fundamentale Frage: Hätte sie den Mut, es gegen Kobolde, Elfen, Mubbelkys (gemeine, langbärtige Zwerge mit scharfen Reisszähnen auf beiden Seiten) und was sonst noch so alles im Wald lauerte, aufzunehmen? Ati schloss einen Atemzug die Augen und stellte sich vor, wie sie mit einem zerbrochenen Besenstiel und einem durchlöcherten Hexenhut in der Hand den Kobolden gegenüberstand.

Als sie die Augen wieder öffnete, war ihr Fluchtinstinkt so präsent, wie sie ihn noch nie zuvor wahrgenommen hatte, nicht einmal in der Schule. »He! Warte!« Gargonda hielt kurz inne, doch bevor Ati Luft schnappen konnte, setzte er zum nächsten Schritt an. Ati hatte genug. Sie holte Anlauf und sprang mit letzter Kraft auf den Fuss des Riesen. Mit beiden Armen versuchte sie seinen Knöchel zu umklammern, aber es klappte nicht, er war zu dick. Mit jedem Schritt wurde sie hoch in die Luft katapultiert, und der wuchtige Aufprall auf den Erdboden liess ihren Körper erneut aufspringen. Könnte sie die langen Haare an den Beinen ergreifen, hätte sie etwas, um sich festzuhalten. Das vibrierende Schwingen des Schrittes verhinderte dieses Vorhaben jedoch jäh. Mit letzter Kraft schrie Ati dem Riesen jene Worte entgegen, für welche sie zu Hause eine Münze hätte in die Reisekasse werfen müssen. Die Worte erzielten die gewünschte Wirkung, und der Riese blieb stehen. Er drehte seinen Kopf prüfend in alle Richtungen und erkundete den Waldboden nach der kleinen Hexe. Als er sie klammernd auf seinem Fuss vorfand, drückte er sie zwischen seinen Daumen und Zeigefinger und hob sie auf seine massige linke Schulter. Während er dies tat, bekam Ati eine leise Ahnung davon, wie sich die Mehlwürmer gefühlt haben müssen, die sie immer für Zaubertränke verwendete, wenn sie diese aus ihrem luftdurchlässigen Plastikbehälter zerrte. Von der Schulter Gargondas aus hatte man wirklich eine schöne Aussicht: Plötzlich konnte Ati kilometerlang den Weg vorausblicken und fast jede Spitze der Baumkronen erkennen. »So ist es viel besser! Du machst ja riesengrosse Schritte. Naja, du bist auch ein Riese, eigentlich logisch, dass du auch riesengrosse Schritte machst. Wohin gehst du eigentlich?« Gargonda gab keine Antwort, blieb jedoch stehen und zuckte mit der Schulter. »Du weisst nicht, wohin du gehst?«, fragte Ati. Ein tiefer Seufzer entwich ihren Lippen und sie musste zugeben: »Ich weiss auch nicht, wohin ich gehen soll.« Gargonda schritt weiter durch den Wald, meistens folgte er einem Pfad, der wie ein schlecht präparierter Weg aussah, doch je dichter der Wald wurde, desto mehr Bäume stellten sich ihnen in den Weg. Konnten sie einen Baum kaum oder gar nicht umgehen, machte Gargonda eine elegante Wischbewegung mit seiner Hand, und ein ganzer Baum krachte im Nu mindestens zur Hälfte entwurzelt auf den Waldboden. Tiere, Waldgeister und magische Geschöpfe, die diesen vorher bewohnt hatten, verkrochen sich blitzschnell in umliegende Sträucher oder anderes Dickicht. Gelegentlich schlängelte oder fauchte etwas in die Richtung Gargondas, doch die leisen Drohgebärden verstummten jäh. Die Dämmerung brach plötzlich über den Zauberwald herein. Der immer deutlichere Mondschein lockte Elfen

hervor, und Gargonda und Ati wussten, dass es an der Zeit war, einen Schlafplatz zu suchen. Es blieb nicht mehr viel Zeit übrig, bis die Elfen ihren Gesang einstimmten, und wenn es soweit war, war es besser, an einem sicheren Ort zu sein. »Hast du eine Ahnung, wo wir schlafen können?« erkundigte sich Ati. Erneut zuckte der Riese mit den Schultern. Atis Herz rutschte einmal bis zu den Zehenspitzen hinunter und wieder zurück, denn sie hatte entspannt auf seiner linken Schulter gesessen, als dieser zu zucken begann und Ati fast das Gleichgewicht verlor. Gerade so konnte sie sich noch festhalten. Sie war es von ihrem Besen gewohnt, plötzliche und unerwartete Richtungswechsel vorzunehmen. Ihre kleinen Hände konnten sich dabei immer sicher am Stiel festhalten. Das war beim Riesen nicht so; kein Stiel und auch sonst nichts, wonach man hätte greifen können, ausser vielleicht nach einer seiner verwaisten Haarsträhnen. Sie fragte sich, ob alle Riesen so aussahen und fast keine Haare hatten. Sie betrachtete eine fettige Haarsträhne, deren Ansatz sie hinter Gargondas Ohr vermutete. Ein einziges Haar des Riesen war so dick wie einer von Atis Fingern. Sie verfolgte die Haarsträhne, bis diese hinter dem Ohr verschwand. Dann widmete sie ihre Aufmerksamkeit seiner Ohrmuschel. Die war so gross, dass man darin hätte wohnen können. Natürlich rein von ihrer Grösse her, wer würde schon in einer mit Ohrenschmalz verklebten Unterkunft hausen wollen. Der Gehörgang war mit lauter Haaren verdeckt, dies sah einer unentdeckten Höhle gleich, die jahrelang ihr unbelebtes Dasein fristete. Ati wollte sich nicht vorstellen, wie es wohl im Inneren aussehen musste. Blitzartig verspürte sie den dringenden Wunsch, von der Schulter des Riesen runterzukommen. Riesen waren eklig! Ob Gargonda ihre Gedanken gehört hatte? Eigentlich war es ihr auch egal, denn der Riese hatte offenbar gefunden, wonach er gesucht hatte und setzte Ati sicher auf dem

Boden ab. Sie standen vor einer Höhle. Abermals war es eine düstere und finstere Höhle, eben jene dieser Höhlen, die Gargonda während seines Alleingangs im Wald immer bewohnt hatte. Für ihn war es ein nur zu bekanntes Bild, das ihn heimsuchte wie ein nie endender Albtraum. Er hatte sich längst mit seinem Schicksal abgefunden. Das war seine Strafe, die er sich selbst eingebrockt hatte und mit der er nun irgendwie zurechtkommen musste. Ati hingegen starrte die Höhle an und glaubte nun tatsächlich Gargondas Gehörgang bald von innen zu sehen. Allein schon der Gedanke daran liess sie erschaudern, und sie spürte Gänsehaut an ihren Armen. »Da rein? Sag mal spinnst du? Das ist eklig! Auf gar keinen Fall gehe ich da rein!« Das war Atis letztes Wort, da war sie sich sicher. Sollen doch die Elfen kommen. Es würde sie nicht kümmern, wenn deren Staub sie erblinden liesse. Sie war lieber blind, als dass sie sich diese grauenhafte Höhle von innen ansehen musste. Beleidigt über die miese Wahl des Schlafplatzes, setzte sie sich mit verschränkten Armen auf den Boden. Der Riese blickte kurz zurück, zuckte mit den Schultern und verschwand in der Höhle. Dieser dämliche Riese war das schlimmste am ganzen Wald: Er war schuld, dass ihr schöner Besen zerbrochen war und sie jetzt zu Fuss umherirren musste. Jetzt war sie eine Hexe, die nichts Magisches mehr in und an sich hatte. Ihr Besen hatte sie ohne Zauberspruch verstanden. Ein einfaches Klatschen genügte

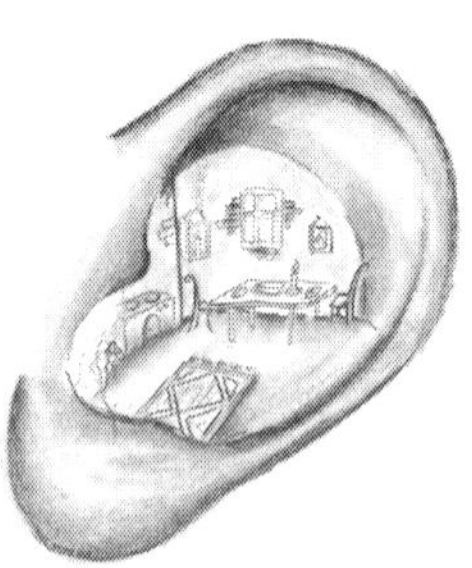

und er wusste, wo Ati war und dass sie seine Dienste benötigte. Sie wollte es einfach nicht wahrhaben, dass das einzig Magische an ihr nicht mehr da war. Sie fühlte sich miserabel. Ihr Magen, genährt mit Wut, Ärger und einem Hauch schlechten Gewissen, hing bis zur Kniekehle hinunter. Sie wunderte sich, dass er überhaupt noch knurren konnte, wo er doch so viel gefühlsbetonten Müll schlucken musste. Stille trat ein und Ati begann zu grübeln. Ob sie den Riesen verärgert hatte? Auch wenn sie es sich nicht eingestehen wollte, aber etwas in ihr begann schwerer und schwerer zu werden, und je mehr sie vor sich hin sinnierte, desto schwerer wurde das unbekannte Etwas. War es ihr Herz, das sich anfühlte als wiege es tausend Ziegelsteine? Gewiss war es der Riese gewesen, der Mitschuld an dem Malheur ihres Besens trug, aber hatte er sie nicht auch beschützt? Hatte er sie nicht den ganzen weiten Weg bis hierhin getragen? Wo wäre sie ohne diesen Riesen? Nein! Der blöde Riese hatte sie fressen wollen und er hätte sie zurückgelassen, wäre sie nicht auf seinen Fuss geklettert. Ausserdem roch er schlimmer als Tante Marthas alte, getragene Socken, die sie erst wechselte, wenn ihre Zehennägel zu schimmeln begannen und sich Pilze darauf gebildet hatten. Hinzu kam noch diese gruselige Höhle, die möglicherweise mehr Gefahren in sich barg als die rätselhaftesten Stellen des Waldes. Für einen kurzen Moment wurde sie aus ihren Gedanken gerissen. Sie blickte auf ihre Arme hinunter und musste feststellen, dass sie sich ihre Fingernägel ins Fleisch gedrückt hatte. Eine dumme Gepflogenheit, sich während eines Denkprozesses die Fingernägel ins Fleisch zu drücken und eine schmerzhafte noch dazu! Sie löste den festen Griff um ihre Arme und fing, auf die eingedrückten Stellen starrend, wieder an zu grübeln. Betrachtete man den Schlafplatz von einem neutralen Standpunkt aus, musste man ihm ohne Zweifel zugute halten, dass er zu finster war, dass Elfen sich darin niederlassen

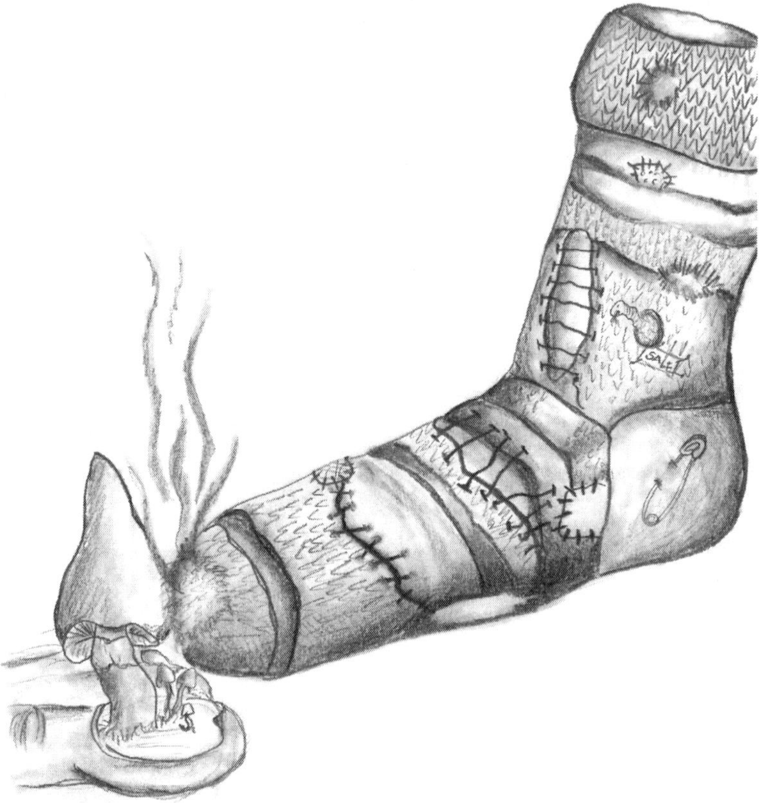

würden und zu trocken, dass ihn Kobolde bewohnen könnten. Kein Wesen würde diese Unterkunft bevorzugen, ausser vielleicht Fledermäuse, doch wer fürchtete sich schon vor Fledermäusen? Hätte Ati bei diesem Gedankenexperiment doch bloss berücksichtigt, dass es sehr wohl Wesen gab, die Fledermäuse fürchteten. Gargonda konnte diese lästigen Biester nicht ausstehen. Er hatte sich mittlerweile damit abgefunden, dass sie in jeder Höhle anzutreffen waren, egal wie gespenstisch und unheildrohend sie war. In kauernder Sitzlage versuchte er ein wenig Schlaf zu finden, doch kaum schlug eines der blutsaugenden Bestien mit den Flügeln, war er hellwach und bereit jeden Moment zum Gegenangriff überzugehen.

Ati zermürbte sich immer noch den Kopf mit der elementarsten Frage ihres noch jungen Abenteuers: Sollte sie sich dem Riesen anschliessen oder sich selber durch den mystischen Zauberwald kämpfen? Würde sie mit dem Riesen reisen, so wäre sie vermutlich in Sicherheit, wer würde es schon mit einem Riesen aufnehmen? Indessen kam die Frage in ihr auf, welchen Weg der Riese eingeschlagen hatte. Wenn sie sich recht erinnerte, lebten Riesen immer in Clans und nicht alleine. Doch das hatte Mystica einmal erwähnt, und was wusste die schon über Riesen? Ohne Zweifel war sie steinalt und hätte auch jede Menge Zeit gehabt, die Welt zu bereisen, aber sie unterrichtete vermutlich schon an dieser Schule, als die Dinosaurier noch lebten und konnte gar nicht viel von der Welt draussen gesehen haben, sie war ja immer im Schulzimmer. Sogar der alte Schrank, der die Zaubertrankzutaten beinhaltete, war jüngerem Datums als Mystica es war. Sie hatte mehrmals erwähnt, dass dieser Schrank nicht alt, sondern antik war und sie diesen im zarten Alter von zweihundertunddreiundvierzig Jahren eigenhändig aus einer kanadischen Balsamtanne gehext habe. Für Ati gab es zwischen alt und antik keinen Unterschied. Beides roch modrig und muffig, eben ein Vorstadium des Verfaulens und Verfallens. Demzufolge konnte man auch Mystica als »antik« bezeichnen. Das Wertvollste an diesem archaischen Schrank war vermutlich sein Inhalt. Ati sah den Schrank vor sich. Sie kannte jede seiner Ritzen, Spalten und Einkerbungen. Die Ornamente der angelaufenen Goldgriffe hatte sie oft mit den Fingern nachgefahren, versunken in der Welt der Träume und weit weg von Mysticas verpönender Stimme. Der bittere Nachgeschmack jenen Morgens, an dem sie das Bild mit dem goldglitzernden Einhorn abgekratzt hatte und an dem sie den Boden des Klassenzimmers versehentlich mit Froschaugenlikör bekleckerte, wobei bekleckern eine ziemlich wohlwollende Beschreibung für die gewaltige Schweinerei darstellte, breitete sich auf ihrer Zunge aus, und als ihre geistige Kurzfassung des folgenschweren Morgens beim Ende angelangt war, hörte sie noch einmal das laute Krachen, gefolgt von Mysticas Gebrüll, das dem einer tobenden Affenherde gleichkam. Was hatte sie angestellt? Blutkörperchen, gefüllt von Ärger und Genugtuung, flossen als homogenes Gemisch durch die Venen und Adern der kleinen Hexe. Streng genommen hätte ihr ihre Stupidität Verdruss bereiten sollen, doch sie war nicht streng mit sich, und so überwog der Freudentaumel, dem alten Weibsstück unbeabsichtigt eins ausgewischt zu haben. Sie würde es dem alten Drachen mit dem tobenden Affengebrüll beweisen, dass sie die Kristallkugel nicht gestohlen hatte, und den Hexen und Zauberern ihrer Klasse würde sie zeigen, dass sie keine Versagerin war, genauso ihren Eltern, die sie freilich liebten, doch ihre Hoffnung immer in ihre ältere Schwester Ehni setzten. Ehnis Schulkarriere war schon beschlossen, bevor diese überhaupt sprechen, geschweige denn hexen konnte. Je älter sie wurde, desto mehr identifizierte sie sich mit ihrer Rolle als Klassenbeste und absoluter Ausnahmehexe mit Bestnoten in allen Fächern. Dies lag keinesfalls an ihrem übermässigen Talent, es war ihre Verbissenheit und ihr Ehrgeiz. Ehni verhexte seit ihrem ersten Schultag alles, was ihr in die Quere kam und selbst wenn es ihr nicht im Weg, sondern nur daneben stand, wurde es verhext. Ati konnte sich noch gut an das Parfum ihrer Mutter erinnern, das vor Ehnis Hexerei herrlich nach Moschusrosen roch. Benutzte man dieses nach Ehnis Beschwörung, erkrankte man Tage danach an einer hässlichen Grindflechte, deren Blasen nicht mit Eiter, sondern mit lauter Maden gefüllt waren. Den Ausschlag hatte man dann wochen-

, wenn nicht sogar monatelang im Gesicht, und es gab keinen Zauberspruch, der Linderung versprach. Damals wollte Ehni ihre Eltern von ihren neu erworbenen Hexenkünsten beeindrucken und sprühte sich zwei Stösse des Moschusduftes selber an den Hals. Ein bisschen Mitleid hätte die junge Hexe damals verdient gehabt, doch Ati prustete laut los, als die Hexerei ihre volle Wirkung entfaltete und Ehni schmerzerfüllt und mit Blasen übersät vor ihnen stand. Wie immer erntete sie deswegen böse Blicke, doch das war es ihr wert.

Gespenstisch hatte sich ein Ast in Szene gesetzt der eine undefinierbare, aber dennoch bedrohliche Gestalt angenommen hatte. Um sicherzugehen, dass sie genügend weit von dem gefährlichen Ding entfernt war, aber auch, um sich in Sicherheit zu wägen, rutschte sie einige Zentimeter wie sie glaubte (in Tat und Wahrheit waren es einige Meter) Richtung Höhleneingang. Im Falle eines Angriffs konnte sie frühzeitig den Riesen rufen und der würde indes nahe genug sein, um ihren Hilferuf zu vernehmen. Hatte sie es sich jemals überlegt, auf seinen Schutz zu verzichten? Ein spitzer Gegenstand verursachte einen plötzlichen, stechenden Schmerz, den sie an ihrem rechten Oberschenkel spürte, als sie ihre Sitzposition beim Zurückrutschen verändert hatte. Sie merkte, wie das Blut in ihrem rechten Bein pulsierte, und auch ihr Herz hatte seinen Schlag so kräftig beschleunigt, dass sie das Gefühl hatte, bald von innen erschlagen zu werden. Sie ertastete die eingenähte Seitentasche ihres Rocks und fand Teile der zerbrochenen Glasflasche darin. Noch immer haftete Froschaugenlikör daran. Es war aber noch etwas anderes, das die Seitentasche offenbarte: das Bild des goldenen Einhorns.

Ati zog den zerknüllten Papierfetzen aus der Tasche und versuchte zu glätten, was noch zu plätten war. Die Ecken waren gänzlich abgerissen, aber ansonsten war das Bild mehr oder weniger unbeschadet, wenn man bedachte, welche Reise es hinter sich hatte. Sie betrachtete das Gemälde, dessen Schöpfer unbekannt war. Das Einhorn glich einem weissen Pferd (man könnte es auch Schimmel nennen, aber da dem einen oder anderen Pferdekunde vielleicht fremd ist, gehe ich lieber auf Nummer sicher und erkläre kurz und knapp, dass es sich bei einem Schimmel im Zusammenhang mit Pferden nicht um Schimmel, wie man ihn auf einem alten Käse antrifft, handelt, sondern um ein weisses Pferd), nur ein geduldiger Betrachter konnte den leuchtenden Glanz erkennen, der das Einhorn vom gewöhnlichen Schimmel unterschied. Anders als beim Pferd, schmückte die Stirn des Einhorns ein goldenes Horn mit spitzem Ende. Diese Verschiedenheit mag einfach klingen, doch der Legende nach leuchtet das goldene Horn des Einhorns nur, wenn der Anwesende reinen Herzens ist. Diese Eigenschaft des Horns beschützt das Einhorn davor, gejagt zu werden, denn das goldene Horn verleiht seinem Besitzer grenzenlose Macht. In Geschichten alter Hexen und Zauberer wurde das goldene Einhorn mehrmals erwähnt und sogar beschrieben, doch gesehen hatte seit Jahren niemand mehr eines, und indessen hielt sich hartnäckig das Gerücht, goldene Einhörner wären ausgestorben. Es wäre jedoch lächerlich zu behaupten, dass nur die Einhörner komplett verschwunden waren, auch Schimmel waren eine Rarität geworden, denn bevor es vom Hexen- und Zaubererrat verboten wurde, Jagd auf sie zu machen, wurden sie beinahe vollständig ausgerottet. Wer konnte schon zwischen einem Schimmel und einem goldenen Einhorn unterscheiden? Ist man reinen Herzens, wenn man grenzenloser Macht hinterherjagt?

Das kristallklare Auge des abgebildeten Einhorns starrte Ati ununterbrochen an, und sie fühlte sich allmählich belästigt. Sie zerknüllte das Bild wieder und steckte, was sie zuvor sorgfältig geglättet hatte, wieder als Papierknäuel in die Seitentasche ihres Rocks zurück. Selbstverständlich hatte man ihr, als sie noch eine kleine Hexe war (sie war auch heute noch klein, aber das würde sie nie zugeben), von der Legende des goldenen Einhorns erzählt. Doch wer glaubte schon an Geschichten, die seit Jahrhunderten erzählt, erweitert, gekürzt, verdreht und neu erfunden weitergegeben werden? Trotzdem musste sie sich eingestehen, dass in ihrer momentanen Lage ein bisschen Zauberkraft recht hilfreich sein könnte. Wäre sie im Besitz eines goldenen Horns, würde sie sich weit weg zaubern, vielleicht auf eine einsame Insel mit schönen, grossen Palmen und feinkörnigem Sand, den sie zwischen ihren Fingern hindurchrieseln liesse, während sie den Wellen des Meeres lauschte. Zuvor würde sie jedoch ihrer Schule noch einen Besuch abstatten. Wo auch immer die Kristallkugel war, sie würde sie herbeizaubern oder am besten gleich Mystica in eine Kristallkugel verwandeln, wobei sie sich bei dieser Version noch nicht sicher war. Die Vorstellung, sie in ein dickbäuchiges Warzenschwein mit borstigen Haaren zu verhexen, gefiel ihr auch recht gut. Ihrer Klasse würde sie das Fürchten lernen und jedem damit drohen, ihn oder sie zu verhexen, wenn nicht jede Beleidigung oder Neckerei entschuldigt wurde, die jemals ausgesprochen bis zu ihren Ohren gelangt war. Dann hielt sie kurz inne. Ironischerweise musste sie an ein Zitat denken, das sie irgendwo einmal gelesen hatte. Erweckt aus dem tiefsten Inneren des Hippocampus (der Hippocampus ist ein kleines Ding in unserem Grosshirn, das unsere Erinnerungen speichert), hatte es alle ihre restlichen Gedanken zur Seite geschoben und bellte in ihrem Gehirn, wie Hunde den Postboten ankläfften. Sie glaubte sogar zu wissen, dass ein Mensch es einmal gesagt hatte. Doch das musste vor sehr langer Zeit gewesen sein. Man könnte also sagen das Zitat ist »antik«. Jedenfalls ging es so: »Willst du den Charakter eines Menschen erkennen, so gib ihm Macht.« Die Hexen und Zauberer hatten dieses Zitat übernommen, man sprach in ihrer Welt jedoch nicht vom »Charakter eines Menschen«, sondern von dem einer Hexe oder eines Zauberers. Unweigerlich musste sie sich selbst die Frage stellen, ob sie mit grenzenloser Macht umgehen könnte. Hätte man neben Ati gesessen, hätte man die Arbeit, die ihr Gehirn während des Denkprozesses ausführte, wahrscheinlich hören können; es lief auf Hochtouren und Ati rümpfte die Nase, während sie knobelte. Selbstverständlich würde sie die neu erlangte Macht nicht nur für schlechte Zwecke benutzen, man konnte auch viel Gutes damit anstellen.

Kapitel 7

Die Legende des goldenen Einhorns

Es war einmal eine alte Hexe, die war so böse, dass selbst der grimmigste und boshafteste Mubbelky das Weite suchte, wenn sie auf ihrem fleischfressenden Besen sitzend über Magralien flog. Niemand kannte den Namen der Hexe, und niemals würde sie einer danach fra-

gen, denn man munkelte, dass man beim blossen Ansehen ihrer Augen sofort zu Staub zerfiel. So kam es, dass sie allein auf dem höchsten Berggipfel Magraliens herrschte und ihre dunklen Mächte jedem magischen und nichtmagischen Wesen demonstrierte, das ihre Herrschaft in Frage stellte. Düstere Zeiten waren seit dem Beginn ihrer Herrschaft über Magralien hereingebrochen: Dunkle Wolken waren über das Land gezogen und tauchten es in völlige Finsternis. Tag und Nacht waren kaum mehr voneinander zu unterscheiden. Wo einst stolze und prächtige Weiden die Umgebung mit duftenden Blumen in allen Farben betörten, waren nun nur noch einige sterbende Grashalme übriggeblieben, die die letzten bedeckten Stellen bald in gänzlicher Kahlheit zurücklassen würden. Feste und Feierlichkeiten wurden verboten, Schulen geschlossen, Arbeitsplätze vernichtet und Vorräte geplündert. Anstelle von Luft atmete man Hoffnungslosigkeit ein. Auch wenn es undenkbar schien, so verdunkelten sich die Wolken noch stärker, je länger die Hexe regierte und der Regen, der aus ihnen herabfiel, brannte von Mal zu Mal mehr auf der Haut, bis er so giftig geworden war, dass sich seine durchsichtige Farbe grünbraun färbte und alles verätzte, was er benetzte. Diese Wetterveränderungen, längst zur mühsamen Gewohnheit geworden, erreichten ihren Höhepunkt in mehrmals wiederkehrendem Donnern und Blitzen, abgelöst von dicken Hagelkörnern in Fussballgrösse und Eisregen, der ganze Eiszapfen vom Himmel hinunterdonnern liess. Es gab Überlieferungen, in denen geschrieben stand, dass das schlechte Wetter in direktem Zusammenhang mit der bösen Hexe stand, denn nach jedem Gewitter berichteten Überlebende, dass ihre Zauberkräfte schwinden würden, während die Kräfte der bösen Hexe noch stärker zu werden schienen. Mit dem Schwinden der Zauberkräfte war es immer schwieriger geworden, sich gegen die anhaltenden Wetterumschwünge zu behaupten, zumal diese, genährt von den neu aufgenommenen Zauberkräften, immer stärker zu werden schienen. Eltern neugeborener Hexen und Zauberer lebten in ständiger Angst um ihre Kinder, denn die Machthaberin schickte ihre hungrigen Greife (ein Vogel mit Flügeln, dessen Körper der eines Löwen ist) aus, die sie wie Haustiere hielt, um die übrigen Hexen- und Zaubererkinder zu fressen. Nur wenige Magierkinder hatten Glück und durften für die Hexe, deren Name für immer unbekannt bleiben sollte, arbeiten. Sie verbrachten ihr Leben in einer schummerigen, dunklen Bergmine, tagein tagaus auf der Suche nach Kristallen oder Diamanten, ohne jemals die Empfindung des Lebens in den noch blutjungen Adern pochen zu hören. Es ist ein Rätsel, wie die Hexe zu so grosser Macht gekommen war und ein Mysterium, wer oder was sie dieser entledigt hatte. Die einen meinen, dass sie irgendwann zu alt war und tot umgefallen ist, andere sagen, sie wäre in ewigen Schlaf verfallen und würde auf ihren Erlöser warten. Betagte Hexen, die sich unweit des höchsten Berges Magraliens angesiedelt hatten, behaupteten steif und fest, eines Tages eine alte Frau den Berg hinuntersteigen gesehen zu haben, doch keiner glaubte diese Auslegung des Schauermärchens. In jener Nacht, in der die Hexe der Legende nach verschwunden sein soll, wurde Magralien von einem heftigen Sturm heimgesucht, der ganze Berge bewegte, Dörfer und Wälder mit seinen wirbelsturmartigen Böen zerschmetterte und Gewässer ausblies, als wären sie kleine Pfützen gewesen. In dieser sagenumwobenen Nacht erschien ein Einhorn auf der Spitze des Berges. Der Mond leuchtete so hell und voll, wie er es noch nie zuvor getan hatte, einzig das perlmuttartige Strahlen des Einhorns kam seinem Leuchten gleich. Das Schauspiel fand seine imposanteste Szene, als sich der Mond direkt hinter die Bergspitze schob und das Einhorn in seinem vollen Erscheinen vor den Mond trat. Ein Blitzschlag, dynamisch und kraftvoll, schien sich aus dem Innern des Mondes entfesselt zu haben und hinterliess eine steile Spur, die sich himmelwärts in den unerforschten Kosmos zog. Die geballte Ladung Energie, die plötzlich freigesetzt wurde, erhellte ganz Magralien, und seine zauberhaften Bewohner drohten an der satten Helligkeit zu erblinden. Trotz des Bewusstseins dieser Tatsache eilten die Bewohner aller Dörfer, egal ob gross oder klein, alt oder jung, auf die sonst leeren Dorfgassen und beobachteten ungläubig den Schauplatz auf dem Berggipfel. Sogar Kobolde, Feen, Elfen und andere magische Geschöpfe, die sich nicht für die Welt der Hexen und Zauberer interessierten, krochen aus ihren Verstecken, um dem ungewohnten Spektakel beizuwohnen. Einen Hauch lang geschah nichts, dann raste der Strahl des Blitzes vom Kosmos zurück auf die Erde und schlug in die Spitze des Einhorns ein. Sein Horn leuchtete fortan nicht mehr silbern, sondern goldig. Erhaben leuchtete es mit seinem goldigen Horn vom Berge aus auf Magralien hinunter und erwärmte es mit seinem hellen Schein. Das Empfinden von Wärme überforderte die meisten Anwohner Magraliens, denn die Hexe vernichtete alles, was leuchtete oder Wärme spendete. Der goldene Schimmer des Horns hauchte den Bewohnern neues Leben ein. Hungrig danach, versammelten sich Einwohner ganzer Siedlungen und pilgerten den Berg hinauf in der Hoffnung, das edle Geschöpf zu finden. Die Befreiung ihres Seelenwohls schien zum Greifen nah und wurde doch jäh zerschmettert wie ein Glas, das zu Boden gefallen war. Selbstverständlich hatte man nie aufgehört, nach dem Einhorn mit dem goldenen Horn zu suchen, doch es war verschwunden, bevor die ersten Gipfelstürmer die mysteriöse Bühne betreten konnten. Allein eine Kristallkugel hatte man an jenem sagenumwobenen Ort gefunden, doch diese schien zufällig dort gelegen zu haben, denn sie bestand aus gewöhnlichem Glas, und Zaubersprüche wurden zurückgeworfen wie schwache Lichtstrahlen. Längst war das goldene Einhorn ein Mythos geworden, dessen Ursprung jede Hexe und jeder Zauberer kennen sollte. Obschon das Einhorn nie mehr gesichtet wurde, erstrahlte Magralien in einer Blütezeit des Friedens: Die katastrophalen Stürme verschwanden, Regen, der nun so sanft hinunterprasselte, dass man sich unbeschwert von seinen wässrigen Tropfen erfrischen lassen konnte, füllte die Seen mit reinem Wasser auf, und lachende, glückliche Bürger halfen einander gegenseitig, ihre Häuser und Dörfer neu aufzubauen. Je mehr Zeit verging, desto mehr geriet die Schreckensherrschaft der bösen Hexe in Vergessenheit, nur die Frage nach der aussergewöhnlichen Macht ihrer Hexenkräfte sorgte ab und an in Wirtshäusern für Diskussionsstoff. Unweigerlich stellten Zeugen des Geschehens die Macht der bösen Hexe in direkten Zusammenhang mit der Erscheinung des goldenen Einhorns. Doch diese wurden alt und starben. Ihre Nachkommen erzählten das Ammenmärchen ihren Kindern, erfanden jedoch neue Details dazu oder änderten gar den Ort der Begebenheit. So war heute in einigen Geschichten die Rede von drei bösen Hexen, in einer anderen herrschten sie über den Mond, und in wieder einer anderen regierte sie in Gestalt eines goldenen Einhorns. Einig war man sich nur darüber, dass nie mehr ein Einhorn mit goldenem Horn seit der Befreiung Magraliens gesichtet wurde. Weise Zauberer behaupteten, das Verschwinden des goldenen Horns hinge damit zusammen, dass dessen Träger seine Erscheinung verbergen wollte, da sich die Macht der bösen Hexe immer noch darin befinden würde. Nur einem reinen Herzen würde es sich offenbaren, doch wenn man es finden, aber nicht gebrauchen konnte, warum sollte man überhaupt danach suchen? In den vergangenen Jahrhunderten hatte man mehrmals Einhörner und weisse

Pferde gejagt und schonungslos hingeschlachtet, doch das goldene Horn blieb verschollen.

Kapitel 8

Ein neuer Tag war angebrochen. Gargonda verliess die Höhle, sobald er die ersten Strahlen der aufgehenden Sonne erkannte. Ein herrlicher Duft wehte ihm entgegen. Es roch nach frischem Fleisch. Die kleine Hexe hatte es tatsächlich geschafft, ein Feuer zu entfachen und aus einfachen Steinen eine ansehnliche Feuerstelle entstehen zu lassen. Die Nachricht möglicher Nahrung blieb seinem Magen nicht fern. Das Knurren seines Magens konnte man wirklich nicht mehr als solches bezeichnen, es glich eher einem ohrenbetäubenden Brüllen. Er trampelte mit seinen grossen Latschen vors Feuer und begutachtete das lodernde Kunstwerk. Ein gehäutetes Wildschwein lag mit dem Rücken nach unten auf einem grossen, flachen Stein, der wiederum wurde vom Feuer erwärmt. Wie hatte es die Hexe geschafft, ein ganzes Wildschwein zu erlegen? Sie selbst war kaum grösser als das Schwein selbst. Er musterte sie und suchte nach einer passenden Antwort auf die Frage. Seiner Überzeugung nach gab es nur zwei Möglichkeiten: Entweder hatte sie unter ihren Ärmeln aufblasbare Muskeln versteckt, die ihr diese Kraft verliehen und sich wieder zusammenzogen, wenn sie die listige Jagd beendet hatte, oder, die wie ihm schien vertretbarere Variante, dass sie zaubern konnte. Das war eine zufriedenstellende Antwort gewesen, doch sie warf im gleichen Atemzug eine neue Frage auf: Wenn sie zaubern konnte, warum hatte sie es dann nicht geschafft, sich aus einem einfachen Netz zu befreien? Dies wiederum führte ihn zur ersten Annahme zurück. Ati bemühte sich darum, das Wildschwein von der einen auf die andere Seite zu rütteln, um es beidseitig zu braten. Die schlaffen Arme hingen an ihrem Körper hinunter wie getrocknete Regenwürmer und nur mit wiederholtem, grobem Rütteln gelang ihr Vorhaben. Die erste, prinzipiell mögliche Antwort ging in ihrem Kern zu Grunde, und Gargonda stand erneut vor der grundlegenden Frage nach dem Wie? Des Rätsels Lösung war er selbst: Ein Leinenstück lag geschickt zusammengeknotet neben der Feuerstelle. Hatte sich die Hexe etwa ein Stück seines Hosenbeins geborgt? Er hob das komplizierte Knotenstück auf und schüttelte es. Die Knoten waren so fest ineinander verbunden, dass man schon fast eine neue Sportart erfunden hätte, wenn man sich die Mühe machen würde, sie zu lösen. »Das ist ein Prusikknoten. Der ist ganz einfach und sehr nützlich. Man kann sich dranhängen und wartet in einem windgeschützten Versteck auf die Beute. Sobald du deinen Fang gesichtet hast, nimmst du einen Knüppel und schlägst ihm von oben herab den Schädel ein. Bäng!« Gargonda zuckte beim stimmgewaltigen Bäng zusammen. Ganz schön bestialisch, diese kleine Hexe. Riesen schleppten ihr Essen nicht mit sich herum. Fische schluckten sie zappelnd und lebend als ganzes Stück hinunter. Andere Wildtiere wurden nur in seltenen Fällen gebraten, meistens wurden sie vor Ort verzehrt. Eine Schleimspur, die sich über eine beachtliche Strecke durch den Wald zog, verriet dem Riesen, wie sie es geschafft hatte, das Schwein vor die Höhle zu schleppen. Er strich einen Finger über die Schleimspur und beäugte ihn misstrauisch. Der Schleim hatte seinen Finger gelblich gefärbt und ihm einen seltsam popeligen Geschmack verliehen. War das etwa Popel, das er da an seinem Finger hatte? »Entschuldige, mir ist nichts Besseres eingefallen. Popelpudding und Koboldnierensirup ist leider alles, was ich hexen kann.« Glücklicherweise war sein Hunger stärker, und er verdrängte das widerwärtige Bild vor seinen Augen, wie Ati das Schwein in Popelpudding getaucht hinter sich her flutschen liess. Als das Schwein durchgebraten war, zerlegten sie es in gerechte Portionen: Ati bekam die Hälfte eines Oberschenkels und Gargonda den Rest. Gierig wurden gewaltige Stücke mit den Zähnen herausgerissen und schmatzend hinuntergeschluckt. Der Riese grunzte friedlich vor sich hin und verzichtete auf langes Kauen, um die aufkommende Magensäure zu vertreiben. Immer wenn er einen Bissen hinunterschluckte, fühlte es sich an, als würde ein Stein in einen Schacht fallen und ein höhlendes Echo zurücklassen. Trotzdem hätte er sich über nichts mehr freuen können als das hier: Essen. Ati erging es ähnlich, und sie musste ihren Appetit immer wieder zügeln, um keinen Schluckauf zu riskieren, wenn sie die Bisse hinunterschlang. Nur Schmatz- und Schluckgeräusche waren zu hören, und flüchtig unterbrach eine kurz auflodernde Flamme des Feuers die nonverbale Geselligkeit. Das jähe Ende stumpfen Schlagens, das sie bis anhin gepiesackt hatte, signalisierte den beiden, dass sie satt waren. Gargonda streckte seine Füsse von sich und lehnte seinen Rücken an einen dicken Baumstamm. Dieser sah jedoch im Hintergrund des Riesen wie ein dünnes Streichholz aus. Ati liess sich auf den weichen Waldboden sinken und blickte in den blauen, wolkenlosen Himmel hinauf. Die Idee, die Macht des Einhorns zu finden und sich damit an ihrer Klasse und Mystica zu rächen, faszinierte sie. Sie stellte sich vor, wie sie sich mit einer eleganten

Schwungbewegung des Horns auf die Grösse des Riesen zauberte und Mystica, die zu klein war, als dass ihre flehenden Worte bis zu Atis Ohren hätten hinaufschwirren können, wand sich wie ein klebriger Mehlwurm unter Atis Füssen. Ob sie dem Riesen vom Einhorn mit dem goldenen Horn erzählen sollte? Was, wenn er es für seine Zwecke beanspruchen wollte? Was hatte er vor?

Die Hände im morastigen Boden vergraben, versuchte sie Entspannung vorzutäuschen, doch sie war zu aufgeregt, als dass sie sich hätte zurücklehnen können. Stattdessen schnappte sie sich einen walnussgrossen Stein, besah ihn kurz und entschied sich dann doch für einen pflastersteingrossen Brocken, der unmittelbar daneben lag. Sie streckte den linken Zeigefinger, steckte diesen dann kurz in den Mund, um ihn zu befeuchten und richtete dann ihren gestreckten Arm mit dem speichelbenetzten Zeigefinger voran auf den Riesen. Dann packte sie den übergrossen Stein mit der rechten Hand und zielte, wegweisend ihrer linken Hand, auf die Stirn des Riesen. Ihre gesamte Konzentration auf das Gewicht des Steins gerichtet, versuchte sie kräftig Schub aufzubauen und schleuderte ihn auf die grosse, lebendige Zielscheibe. Treffer! Ein dumpfer Aufprall war zu vernehmen, doch den Riesen schien dies nicht weiter zu stören. Ati war sich sicher, dass sie bei so einem vermaledeiten Angriff draufgegangen wäre. Es ärgerte sie ein wenig, dass die getroffene Stelle nicht einmal einen Abdruck vorwies. Mit grossen Schritten marschierte sie auf ihn zu, doch der Riese war eingedöst und schnarchte friedlich vor sich hin. »Du sollst jetzt nicht schlafen!« Diese Kreatur schien nicht nur völlig abgebrüht gegen sämtliche Schmerzempfindungen zu sein, offenbar wehrten seine Trommelfelle erfolgreich jegliche Schallwellen ab, die sich ihnen näherten. »Na warte!« So schnell gab sie nicht auf. Sie krallte sich den walnussgrossen Stein, den sie zuvor als zu »harmlos« befunden hatte, positionierte sich aufbrausend vor dem sägenden Haufen und zielten erneut auf dessen Stirn. Kraftvoll wurde der Stein aus ihrer Hand in seine prophezeite Flugbahn geschleudert. Dem erstrebten Ziel so nah, dass sich Ati schon als treffsicher betiteln wollte, traf der Stein nicht wie gewünscht die Stirn, sondern blieb in der Nase strecken, die sich ihm urplötzlich in den Weg gestellt hatte. Offensichtlich war ihm sein Kopf zu schwer geworden und er hatte ihn nach hinten fallen lassen, um ihn am Baumstamm anlehnen zu können. Der Stein steckte nun in seinem Riechorgan fest.

Schlaftrunken kratzte sich der Riese an seiner Nase. Als er bemerkt hatte, dass sich etwas darin befand, steckte er einen Finger hinein und fing an, darin zu bohren. Da es offenbar schwierig war, den Stein als Ganzes zu erwischen, drückte er ihn bei dem Versuch, ihn herauszunehmen, aus Versehen noch tiefer hinein. Eher genervt als erschrocken, schüttelte er seinen Kopf und öffnete die Augen. Er schien einen Moment lang zu überlegen, dann drückte er sich das freie Nasenloch mit seinem klobigen Daumen zu und begann heftig durch die Nase zu pusten. Irgendwann drückte er so fest, dass sein Gesicht rot anlief, während er erneut tief Luft holte. Es war der folgende Versuch, der glückte und den Stein mit Schallgeschwindigkeit aus seiner Nase ballerte. Ati sprang zur Seite, wenngleich der Stein gar nicht in ihre Richtung flog, doch sie wollte sichergehen, nicht getroffen zu werden. Grinsend und mit äusserster Befriedigung näherte sie sich dem Riesen und setzte ihr eigentliches Vorhaben in die Tat um: Sie erzählte dem Riesen vom goldenen Einhorn. Ihr Redeschwall, der Gargonda unzählige Worte entgegenschleuderte, wurde von gestikulierenden Bewegungen abgerundet. Gargonda dachte schon, sie würde nie aufhören zu sprechen, eher würde er in dem Wasserfall der Worte, der aus Atis Mund sprudelte, ertrinken. Doch irgendwann war sie tatsächlich am Ende angelangt und setzte einen Punkt. Gargonda hatte im ersten oberen Drittel ihrer Rede den Anschluss verloren und nur vorgegeben, ein guter Zuhörer zu sein. Allerdings verunsicherte es ihn ein wenig, dass sie nicht aufhörte ihn bedeutungsvoll anzustarren. Offensichtlich wollte sie seine Ansicht darüber hören. Ihre blauen, stechenden Augen wurden immer durchdringender, und als ihre Lippen beunruhigend zu zucken anfingen, beschloss er lieber zu grunzen als das Wagnis einzugehen, von einer erneuten Wortlawine niedergestreckt zu werden. »Nur damit ich dich richtig verstehe, du kommst also mit?« Ein Schulterzucken, was denn sonst, bestätigte, was schon längst beschlossen war: Die Suche nach dem Einhorn mit dem goldenen Horn konnte beginnen.

Kapitel 9

Aufgedreht tanzte die quirlige Hexe auf Gargondas Schulter und drohte teilweise vornüber zu kippen. Dies blieb auch dem Riesen nicht verborgen, und so formte er seine Hand zu einer schützenden Schale, die er vorsichtshalber an seine Brust hielt. Als ob das lästige Gehopse auf seiner Schulter nicht schon genug gewesen wäre, stimmte die kleine Hexe auch noch ein Lied an und trällerte eine Strophe nach der anderen vor sich hin. Gargonda atmete einen schweren Seufzer aus und begann sich zu fragen, wie viele Strophen so ein Lied überhaupt haben konnte. War es denn möglich, dass nach der achtzehnten immer noch nicht Schluss war? Die neunzehnte verriet ihm, dass dies wohl eine überflüssige Frage gewesen war. Was denn auch sonst? Das Mädchen musste mit mehr als einer Lunge zur Welt gekommen sein, oder jemand hatte ihr eine dazu gehext, denn sie plapperte und schnatterte sogar, während sie ein- und ausatmete. Klangvoll stimmte sie endlich ein neues Lied an, das sie wohl soeben erfunden hatte: »Ein Riese und 'ne Hexe ganz allein im Wald suchen nach 'nem Einhorn mit goldner Zauberei.« Das Ei der Zauberei hielt sie so lange aus, bis er glaubte, sein linkes Ohr wäre tatsächlich abgefallen.

Ein kleiner Bach, der die Luft durch sein kühles Wasser erfrischte, linderte das ununterbrochene Pfeifen in Gargondas Ohren. Ein erlösendes Bachufer war in Sicht. Er packte Ati und setzte sie auf dem kiesigen Boden ab. Die Hände tauchte er gleichzeitig ins Wasser und erfrischte sich damit das Gesicht. Was hatte er sich bloss dabei gedacht, diese Hexe mitzunehmen? Sie war eine Plage, und wenn sie am Morgen nicht so gutes Fleisch gebraten hätte, hätte er sie wahrscheinlich längst in einem Stück hinuntergeschluckt. Nicht, weil er Hexenfleisch mochte, sondern weil er endlich seine Ruhe haben wollte.

Er setzte sich hin, schloss seine Augen und versuchte, seine innere Ruhe zu finden. »Bist du müde?« Er erwiderte ein Grunzen. »Na gut, dann gehe ich eben Steine suchen.« Wozu in aller Hölle suchte sie Steine? Hier lagen überall Steine herum. Sein fragendes, unglaubwürdiges Glotzen entging Ati nicht und nach einer Weile fügte sie hinzu: »Ich sammle Steine, aber nur die besonders schönen.« Gargonda war sich nicht schlüssig, ob es gut war, dass sie eine Beschäftigung gefunden hatte, die ihm einige Minuten der Ruhe brachte, oder man sie nicht besser hätte aufhalten sollen, denn schliesslich war er es, der Ati auf seiner Schulter trug und somit auch alles, was sie bei sich hatte. Die Aussicht auf ein bisschen Ruhe war zu verlockend, und so forschte er nicht weiter nach. Er schloss die Augen und lehnte sich entspannt zurück.

Ein flacher Stein hopste nicht einmal, nicht zweimal, sondern viermal über das Wasser. Ati hatte sich eine Art Wettkampf daraus gemacht, flache Steine so zu werfen, dass sie möglichst oft über die Wasseroberfläche hüpften. Zwar war sie die einzige Teilnehmerin an diesem Wettkampf, doch das störte sie nicht. Sie hatte einen besonders flachen Stein gefunden. Der würde besonders oft aufhüpfen. Schwungvoll brachte sie sich in Wurfposition, trat einen Schritt zurück, um Schwung zu holen und wollte gerade losschiessen – da machte es plumps. Der grobkörnige Boden unter ihren Füssen brach zusammen, und sie krachte mit einem ohrenbetäubenden Knall in ein tiefes Loch. Schmerzhaft verzog sie das Gesicht. Sie schüttelte den Kopf und versuchte zu begreifen, was gerade geschehen war. Sie steckte offensichtlich in einem Loch fest, und zwar in einem ziemlich tiefen. War das eine Falle? »Nicht schon wieder.« Ihr Ärger darüber verflog ziemlich schnell, denn die viel wichtigere Frage war: Wer hatte diese Falle aufgestellt? Panik lief kalt über ihren Rücken. »Riese! Riese!« Sie lauschte einen Augenblick, ob sich etwas da draussen regte, doch der Riese hörte sie offenbar nicht. »Riese! Hilf mir!« Wieder geschah nichts. Dann vernahm sie das Knacken von Ästen und Schritte, die das Knacken offenbar verursachten. Sie waren allerdings viel zu leise, als dass sie von den grossen Latschen des Riesen hätten stammen können. Der Unbekannte näherte sich, denn sie hörte, wie kleine Steine zur Seite flogen. Die Schritte kamen näher und näher, bis sie schliesslich vor der Grube zum Stillstand kamen. Hastig blickte sich Ati um und versuchte irgendetwas zu finden, das sie dem Angreifer entgegenschmeissen konnte. Es war zwecklos. Sie konnte nicht einmal ihre Arme bewegen. »Ri i i i ese! Hi i i lfe!« Ihr Hilferuf verstummte, als sie das Geschöpf erkannte, das nun von oben auf sie herabblickte: Es war ein Mubbelky.

Mubbelkys waren sonderbare Kreaturen. Sie glichen einer Art Zwerg. Grosse Unterschiede zwischen Zwergen und Mubbelkys gab es nicht. Mubbelkys waren sozusagen besonders grimmige Zwerge. Man sagte ihnen nicht viel Gutes nach. Unter Hexen und Zauberern galt die allgemeine Überzeugung, dass man keine ehrlichen Geschäfte mit einem Mubbelky abschliessen konnte, weil Arglist ihre elementarste Treibkraft war. Der Mubbelky, der nun mit seinen schlangenartigen Augen auf Ati hinunterblickte, schien ebenfalls nicht besonders freundlich zu sein. Er leckte sich mit seiner Zunge die Lippen, tat dies aber so schnell, dass es eher dem Zischen einer Schlange gleichkam. Er kniete sich auf den Boden, um noch tiefer ins Loch blicken zu können. Eine fiese Stimme kam aus seinem Mund: »Was bist du?« Ati, die beim Erklingen der Stimme zusammengezuckt war, antwortete tapfer: »Ich bin eine Hexe!« Der Zwerg beobachtete sie, sagte aber nichts. Als Ati feststellte, dass es ihn überhaupt nicht zu kümmern schien, was in sein Loch gefallen war, fügte sie unsicher, aber dennoch bemüht mutig zu klingen hinzu: »Ich bin eine mächtige Hexe! Wenn du mich nicht sofort freilässt, verhexe ich dich bis in dein übernächstes Leben. Und i i ich brauch dazu keinen Zauberstab. Ich kann einfach einen Hexenspruch sagen. Du wirst schon sehen« Der Mubbelky schien hellhörig geworden zu sein. Er starrte sie an, und Ati versuchte krampfhaft, seinem Blick standzuhalten. Irgendwann liess er seinen durchdringenden Blick von ihr ab, und sie musste sich zusammenreissen, keinen Laut der Erleichterung von sich zu geben. Er beugte sich noch tiefer zu ihr hinunter und zog dabei die Rotze, die ihm aus der Nase lief, mit einem kräftigen Ziehen wieder in sein Gehirn zurück. Ati ekelte sich. Er stellte ihr eine weitere Frage, doch die ging im Gestank seines Mundgeruches unter. Der grässlich faulende Geruch, der aus seinem Mund kam, schien so verdorben, dass sich Ati beim besten Willen nicht vorstellen konnte, was man vertilgen musste, bis man so übel roch. Das widerwärtige Geschöpf richtete die Frage erneut an sie: »Du kannst hexen? Dann verhex mich.« Ati überlegte nicht lange: »Ene mene eins zwei drei ab heute … ähm … ab heute bist du nicht nur klein, sondern auch ein … ein Stachelschwein.« Nichts passierte, dem Mubbelky wuchsen weder borstige Haare noch spiessige Stacheln. »Haha. Ist das alles, was du kannst?« Der listige Unterton seiner Stimme war spürbar deutlicher geworden. Ati erkannte, dass ihr Bluff aufgeflogen war. Sie starrte in die dreckige Erdschicht vor ihr und sagte nichts mehr. Zum ersten Mal war sie sprachlos, und die Worte steckten so fest in ihrem Hals, dass sie das Gefühl hatte, bald daran zu ersticken. Der Mubbelky studierte seinen Fang in lauernder Stellung. Die Tatsache, dass etwas in seine Grube gefallen war, schien ihn sichtlich zu berauschen, dennoch hätte er wahrscheinlich lieber ein lahmes Kaninchen darin gesehen. Sein Schädel brütete etwas aus. Dies war unverkennbar zu sehen, als Ati vorsichtig den Kopf hob, um ihren Widersacher aus den Augenwinkeln zu beobachten. Die Tüftelei nahm ein jähes Ende, als abermals Schreie durch den Wald hallten. »R i e s e !« Der Zwerg steckte sich einen Finger ins Ohr und schüttelte den Kopf auf der anderen Seite, so als würde er versuchen, den Schrei aus dem Kopf zu schütteln. Diese Göre hatte eine nervtötende Stimme. »Hör auf zu nörgeln.« Er betrachtete sie und schien seinen besiegelten Entschluss nochmals zu überdenken. »Was macht eine Hexe, die nicht zaubern kann, ganz allein im Wald?« »Das geht dich gar nichts an. Ausserdem bin ich nicht allein«, gab Ati zurück. »Natürlich bist du das nicht«, sagte der Zwerg mit einem hämischen Grinsen. Nein, allein war sie nicht, aber der Riese schien ihre Mahnrufe nicht zu hören. Er war da draussen und würde sie finden, da war sie sich sicher, oder etwa doch nicht? Was, wenn der Riese gar kein Nickerchen gemacht hatte, sondern längst aufgebrochen war? Er hätte sie schon einmal fast abgehängt, hätte sie sich nicht doch noch an einen seiner Füsse klammern können. Nun war sie hier und steckte wie eine gequetschte Ölsardine, unbeweglich und absolut machtlos, in einem Loch fest, das ein mieser, stinkender Zwerg gebuddelt hatte. Als sich sein Gesicht erneut zu einer fiesen Fratze verzog, wurde sie wütend: »Nein, das bin ich ganz sicher nicht. Ich reise mit einem Riesen, und wenn du mich nicht sofort gehen lässt, kommt er und zerquetscht dich wie eine Kakerlake.« Der Zwerg lachte zynisch: »Ja, mir zittern schon die Knie.« Ati hätte ihm am liebsten irgendetwas an den Kopf geschmissen, dies ging leider nicht, da ihre Arme unbeweglich im Loch eingeklemmt waren, aber wenigstens anspucken könnte sie ihn ja. Das hatte er verdient. Ihr Mund war so trocken, dass es allerdings keinen Speichel darin gab, den sie hätte zu einer kleinen Spuckmasse zusammenkratzen können. Der Mubbelky hatte ihre verzweifelte Situation durchschaut und erfreute sich dieser sichtlich. Mit einem letzten Anlauf brüllte sie hinaus, was ihre Stimmbänder freigaben. Das hinterhältige Grinsen verschwand nicht aus seinem Gesicht, offenbar war es darauf eingemeisselt worden. Im Hintergrund des Waldes erschütterten starke Vibrationen den Erdboden. Anfangs klang es, als hätte sich eine Felswand gelöst, doch die Erschütterungen brachen nicht ab, sondern wurden immer stärker. Konnte es sein, waren das Schritte? Bam, bam, bam, das Beben hob bei jedem seiner Schläge den Zwerg vom Boden ab. Während der Zwerg nicht mehr wusste, wie ihm geschah, erfreute sich Ati an jeder noch so heftigen Erschütterung. Wie wenn er auf glühender Kohle stehen würde, hopste der Zwerg ungläubig hin und her und versuchte die Quelle der Erschütterungen zu ermitteln. Hinter zwei hochgewachsenen Bäumen trat der Riese hervor, analysierte kurz das Geschehen, packte den Zwerg und setzte ihn in die höchste Baumkrone, die er finden konnte. Dann grub er seine Hand in die kiesige Erde und hinterliess einen riesigen Krater dort, wo Ati in der Grube gesteckt hatte. In dem übergrossen Haufen Erde, den er auf seiner Hand hatte, suchte er Ati wie eine Nadel im Heuhaufen. Die Spitze ihres löchrigen Hutes blickte kurz aus dem Haufen heraus. Der Riese zog daran, und der Hut zog einen wackeligen Körper mit sich. Darunter verbarg sich Ati, die kräftig hustete und wild mit den Händen fuchtelte. »Wo zur Hölle bist du gewesen?« Der Riese, wie könnte er anders, zuckte mit den Schultern. »Das habe ich mir gedacht«, gab Ati zurück und schien dabei ein bisschen sauer zu sein. Vorsichtig setzte der Riese sie auf dem sicheren Boden ab, wartete, bis die wackeligen Beine ein wenig fester schienen, erhob sich und griff in die Baumkrone, in die er zuvor den Mubbelky abgesetzt hatte. Mit festem Griff holte er ihn wie einen asiatischen Bockkäfer vom Baum herunter. Dann blickte der Riese zur kleinen Hexe herüber und diese bestätigte sein Vorhaben: »Mach ihn platt!« Sichtlich angespannt, betete der arglistige Wicht um sein Seelenwohl. »B b b i itte, tötet mich nicht.« Den Riesen interessierte sein Flehen nicht. Er öffnete sein haifischgrosses Maul und war drauf und dran den quengelnden Stänkerer hinunterzuschlucken. »Warte! Ich weiss Dinge, viele Dinge. Ich könnte euch von Nutzen sein!« Der Riese überhörte ihn gekonnt und führte ihn so nahe an seinen Mund, dass der Zwerg schon fast im Rachen steckte. Der Zwerg zappelte und stotterte überfordert die letzten Worte, die womöglich doch noch Barmherzigkeit in dem übergrossen Monster aufkommen liessen. Dies war zwar nicht der Fall, dafür hatte er aber das Interesse der Hexe geweckt: »Ich weiss alles über diesen Wald. Wenn ihr mich verschont, erzähle ich euch alle Geheimnisse, die ihr wissen wollt.« Ati verzog ihr Gesicht zur gleichen, diabolischen Grimasse wie der Mubbelky zuvor. »Wenn du alle Geheimnisse des Waldes kennst, warum hast du dann nicht gewusst, dass ein Riese in Reichweite ist?« »Ich habe gesagt, ich kenne die Geheimnisse. Ich bin doch kein Hellseher du dummes D..i..i … H..i..l.f..e!« Dem Riesen gefiel es nicht, dass der Zwerg drauf und dran war, die kleine Hexe zu beleidigen, das standnur ihm zu. Er schüttelte den Zwerg, als wäre er

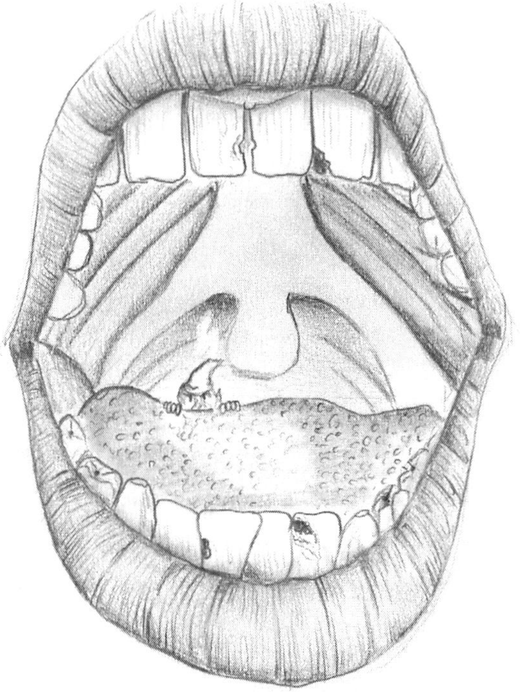

ein Milchshake. »Okay, ich glaube das reicht«, bremste Ati den Riesen, konnte sich ein Lachen aber nicht verkneifen. Dem Mubbelky schien die Schüttelei ziemlich zugesetzt zu haben, seinen Pupillen war anzusehen, dass sein Gehirn immer noch auf und ab hüpfte. Die kleine Hexe richtete das Wort an den Zwerg: »Du hast gesagt, du kennst Geheimnisse. Was sind das für welche?« Zähneknirschend knurrte dieser: »Fast alle. Wusstet ihr zum Beispiel, dass es einen unterirdischen See gibt? Die Feen nutzen ihn, um darin zu baden. Kommt man mit Wasser, das mit Feenstaub angereichert wurde, in Berührung, schwebt man angeblich für kurze Zeit.« »Ich habe kein Interesse an Feenstaub. Was weisst du noch?« »Was ich noch weiss? Nun ja … überlegen. Ach ja,

Tino, der trottelige Troll, soll unter einer alten Eiche begraben sein.« »Glaubst du etwa, ich bin auf der Suche nach einem toten Troll?« »Du sollst den Troll ja auch nicht wegen ein paar Knochen ausgraben, du Grünschnabel (kaum hatte er das uncharmante Wort ausgesprochen, wurde er erneut heftig geschüttelt) … au! Sag dem Hohlkopf er soll das gefälligst lassen!« Ati symbolisierte dem Riesen, dass er aufhören konnte. »Höflichkeit ist wohl nicht gerade deine grösste Stärke, was? Weisst du, wenn du uns weiterhin beleidigst, überlasse ich dich dem Riesen und glaube mir, wenn ich dir sage, dass sein Hunger unersättlich ist.« Gargonda fielen bei Atis letzten Worten fast die Ohren ab. Hatte er richtig gehört? Er war also ihre Waffe? Für einen kurzen Moment empfand er es als ziemlich frech, das sich eine Hexe, die ihm kaum bis zum Fussknöchel reichte, das Recht nahm und ihn als ihre persönliche Waffe bezeichnete. Dann wiederum, als er das farblose Gesicht des Zwerges sah, fand er die Idee gar nicht mehr so schlecht. Zum Spass knurrte er den Mubbelky an und liess dabei seine Eckzähne hervorblitzen. Dieser wiederum war nicht mehr in der Lage, eine Reaktion darauf zu zeigen, sondern fiel direkt in eine Art Totenstarre. Gargonda schüttelte ihn, als wäre er eine Taschenlampe, der soeben die Batterien ausgegangen waren. »Halt … Stopp. Du kannst ihn nicht andauernd schütteln, der geht noch drauf.« Als wäre es ihm herzlichst egal, zuckte der Riese die Schultern. »Ja, das habe ich mir gedacht«, fuhr Ati ihn an. Der Zwerg schien nun endgültig in Ohnmacht gefallen zu sein, wenn nicht noch schlimmer. Auch der Riese hatte den miserablen Zustand seines Opfers bemerkt und warf Ati einen hilfesuchenden Blick zu. Diese schien ihn verstanden zu haben: »Woher soll ich jetzt wissen, was du mit ihm machen sollst? Ich habe dir doch gesagt, du sollst das lassen. Los, giess ihm ein bisschen Wasser übers Gesicht, vielleicht wacht er ja auf.« Der

Riese gehorchte, jedoch nicht so, wie Ati sich das vorgestellt hatte. Anstatt das Wasser aus dem Bach zu holen und den Zwerg damit zu beträpfeln, steckte er seine ganze Hand samt Mubbelky in den Bach. Atis Augen fielen fast aus ihren Höhlen, als sie das Desaster erkannte. »Haaaalt! Machst du das mit Absicht? Du ersäufst ihn noch!« Wie ein kleines Kind, das ein Missgeschick vertuschen wollte, zog der Riese unschuldig seine Hand aus dem Wasser, warf den Zwerg direkt vor Atis Füsse auf den Boden und gab ein lautes, schnaubendes »Pfff« von sich. Benommen zwinkerte das niedergestreckte Geschöpf mit dem einen Auge. Ati war noch nie so dankbar über ein zwinkerndes Auge gewesen. Es zeigte, dass noch Leben in dem Zwerg steckte. Sein Kopf schwankte bedrohlich hin und her und der bibbernde, schlabbrige Haufen, an dem er angemacht war, schwabbelte ebenfalls, dies jedoch nicht hin und her, wie der Kopf dies tat, sondern eher in sich, so wie ein Pudding. »Lebst du noch?« erkundigte sich die kleine Hexe. »Nein.« knurrte der Zwerg. »Phu also, da haben wir ja nochmals Glück gehabt. Wo waren wir stecken geblieben?« Der Zwerg glaubte, nicht richtig gehört zu haben. Immerhin hatte sie ihn fast umgebracht! Die schwafelnde Nervensäge überspielte dies aber ohne mit der Wimper zu zucken und fuhr fort: »Ach, jetzt erinnere ich mich wieder. Der Troll! Was wolltest du schon wieder über den Troll erzählen?« Die Antwort blieb beinahe zwischen den akut zusammengeknirschten Zähnen stecken. »Die Zähne des Troll enthalten Gift. Für Mubbelkys und Zwerge ist es ungefährlich, aber eine kleine Hexe, wie du eine bist, würde daran zu Grunde gehen.« »Ich bin nicht klein!« gab Ati zurück. »Ausserdem brauche ich kein Gift. Wir sind auf der Suche nach dem Einhorn mit dem goldenen Horn. Weisst du etwas darüber?« In der Annahme, dass die Unterhaltung der beiden noch ein wenig dauern könnte, liess sich Gargonda auf den Boden sinken und nahm eine bequemere

Stellung ein. Er studierte den Zwerg, der trotz seiner beklemmenden Situation aussah, als würde er an einer unlösbaren Knobelaufgabe grübeln: Sein Finger steckte in der Nase, und die freie Hand kratzte den Nacken. Ati wurde ungeduldig und fragte ihn dieselbe Frage noch einmal. Der Zwerg hatte zweifelsohne keine Ahnung, was er ihr sagen sollte. Er tendierte kurz zur Ehrlichkeit, dann überkam ihn seine Hinterhältigkeit wie eine angeworfene Grippe und er log überzeugend: »Ich weiss alles über das goldene Einhorn.« Ati konnte ihr Glück kaum fassen und trällerte fröhlich ein Liedchen vor sich hin. Gargonda stellte genervt fest, dass sie wohl sofort losmarschieren wollte, und der Zwerg zeigte sein bittersüsses Lächeln zwar nicht, freute sich dafür aber umso mehr, dass er dem Tod entkommen war und nicht nur das. Sollte die lästige Göre das goldene Horn wirklich finden, könnte er seiner Meisterin wieder zu ihren alten Kräften verhelfen. Sie würde ihn dafür bestimmt rühmen und mit reichlich Gold überhäufen. Dass er das goldene Horn an sich reissen konnte, setzte ärgerlicherweise voraus, dass er es schaffte, es an sich zu reissen, bevor die kleine Göre es in die Hände bekam, doch es war schon fast zu einfach gewesen, sie von seiner Kenntnis des Einhorns zu überzeugen. Ihr das Horn aus den Fingern zu nehmen würde vermutlich so einfach sein, wie einem Kleinkind den Schnuller zu klauen.

Kapitel 10

Naaaa.a.a.a. Ein Ries, 'ne Hexe und ein muffliger Zwerg reisen jetzt gemeinsam … la..la..la und sie trotten über Stock und Stein..la..la.la..a..a.« Beschwingt durch die gute Neuigkeit, dass nun endlich jemand wusste, wo sie nach dem Einhorn suchen sollten, stimmte Ati ein spontan komponiertes Lied an. Gargonda schaffte es nun, seine Ohren sofort auf Durchzug zu schalten. Der Mubbelky besass diese Gabe nicht und konnte sich zu seinem Übel nicht einmal die Finger in die Ohren stecken, denn der Riese hatte ihn in seine zusammengedrückte Hand gequetscht. Er versuchte ihm mehrmals zu erklären, dass er kein Gummibärchen war, das man nach Belieben in die Länge ziehen und dann wieder zusammendrücken konnte, ohne dass es seine ursprüngliche Form verlor. Wenn der Riese seinen Griff weiterhin so krampfhaft hielt, würde er im wahrsten Sinne des Wortes platzen. »He Hexe, kannst du deinem Freund bitte sagen, dass er seinen Griff lockern soll? Ich platze gleich!« »Nö.« Baff, wie ein Vogel, der gegen eine Glasscheibe geflogen war, wurde seine Bitte ausgeschlagen. »Aber wenn ich keine Luft mehr habe, kann ich dir auch nichts mehr über das Einhorn erzählen.« Wo er recht hatte, hatte er recht. Sie erinnerte sich an ihre Mutter, die sie immer davor gewarnt hatte, mit einem Mubbelky zu sprechen. Sie durfte sich jetzt aber nicht an ihre Mutter oder an ihren Vater oder sonst wen erinnern, sie hatte eine Mission zu erfüllen, und Gefühlsduseleien waren nicht hilfreich. Trotzdem war es in Anwesenheit eines Zwerges besser, Vorsicht walten zu lassen. »Wie heisst du, Zwerg?« »Nenn mich nicht Zwerg, ich bin ein Mubbelky, wir sind grösser als Zwerge.« »Du bist kleiner als ich, also bist du ein Zwerg.« So unverschämt hatte noch nie jemand zuvor mit ihm gesprochen. Wer die kleine Hexe jedoch kannte, wusste, dass frech nicht die richtige Bezeichnung für ihren Umgangston war, meistens jedenfalls. Sie war lediglich sehr einfach gestrickt (mit stricken ist hier übrigens kein Verflechten von Maschen gemeint, sondern die Art und Weise, wie jemand tickt). Für Ati gab es nur richtig oder falsch. Genauso dachte sie nie über Konsequenzen oder Folgen ihres Handelns nach. Der Mubbelky wiederum machte sich nicht die Mühe, herauszufinden, wie die kleine Hexe tickte, sondern wusste, dass er sie noch vor dem Riesen erledigen würde, wenn er das goldene Horn in den Händen hielt, obwohl dieser ihn alle paar Minuten entweder erwürgte oder verdrückte. Im Augenblick galt es aber, seine Miene zu wahren und so gab er seinen Namen preis: »Ripugnati« »Was hast du gesagt?« »Ripugnati, das ist mein Name.« Ati sah ihn verdutzt an. »Ripo wie?« »Gnati, R i p u g n a t i« »Das ist aber ein schwieriger Name. Ich nenne dich Gnati. Den Rest kann ich mir sowieso nicht merken.« Er hasste diese Hexe abgrundtief. »Also Gnati, wo finden wir das Einhorn?« Der Zwerg hatte sich schon auf diese Frage vorbereitet. Selbstverständlich hatte er keine Ahnung, wo man es finden konnte, geschweige denn, ob es überhaupt existierte. Alles, was er wusste, hatte ihm seine Meisterin anvertraut, aber wann würde ihm sich jemals wieder die Gelegenheit bieten, auf zwei Deppen zu treffen, die nach dem Horn suchten? So log er wohlwissend eine falsche Fährte vor: »Wir müssen zur weisen Fee. Sie ist die Einzige, die das Geheimnis kennt.« Es gab sehr wohl eine weise Fee. Allerdings war sie schon fast so lange verschollen wie das Einhorn. Die Herrin hatte ihm jedoch gesagt, wo die weise Fee möglicherweise zu finden sein könnte. »Wir müssen nordwärts, der Stern des Alpha Centauris wird uns den Weg weisen.« »Ein Stern? Aber Sterne erscheinen erst in der Nacht!« »Gut erkannt Hexe.« Erschrocken über die neu gewonnene Erkenntnis fügte sie hinzu: »Aber in der Nacht ist es gefährlich. Da gibt es Elfen und Gnome und die Kobolde erst.« »Wenn ihr die weise Elfe finden wollt, müsst ihr dem Stern folgen.« Diese Entscheidung wollte Ati nicht allein treffen. »Was meinst du, Riese? Sollen wir ihm folgen?« Ihr könnt euch ja denken, wie der Riese geantwortet hat – er zuckte mit den Schultern. »Hm, na gut, aber dann sollten wir uns jetzt hinlegen, damit wir ausgeruht sind.« Der Riese grunzte. Ein geeigneter Rastplatz bot sich ihnen nicht an, also improvisierten sie und wählten einen dicken Baumstamm als Versteck. Das gab ihnen eher ein gutes Gefühl als dass es ihnen Schutz bot. Sie schlugen ihr Lager auf. Ati stellte fest, dass das fleischige Gummibärchen, immer noch dem Erstickungstod nahe, in Gargondas Griff steckte. »Was sollen wir mit ihm machen?« Gargonda nahm einen grossen Stein in die Hand und bedeutete ihr damit, ihn bewusstlos zu schlagen. Ripugnati, der den Plan des Riesen durchschaut hatte, protestierte: »Er will mich doch nicht etwa totschlagen?« Ati versuchte das Vorhaben des Riesen zu verbergen: »Nein, er wollte mich fragen, ob ich auf einem Stein schlafen wolle.« Kopfschüttelnd zwinkerte sie mit einem Auge und flüsterte zum Riesen: »Zu brutal. Fällt dir nichts Besseres ein?« Gargonda überlegte einen Moment, dann riss er ein weiteres Leinenstück seiner Hosen ab. Die beiden Hosenbeine unterschieden sich nun deutlich in ihrer Länge. Stampfend trampelte er auf den Zwerg zu, packte ihn und band ihn um einen Baumstrunk. »Achte aber darauf, dass er noch atmen kann.« Widerwillig liess Gargonda dem Zwerg tatsächlich genügend Luft zum Atmen, mehr aber auch nicht. Ripugnati war mit seiner momentanen Situation nicht einverstanden, konnte sich aber damit abfinden, auch wenn er wahrscheinlich kein Auge schliessen konnte. Der Rücken des Riesen schmerzte. Er hatte einen weiten Weg zurückgelegt und war froh, sich ein wenig ausruhen zu können – ganz im Gegensatz zu Ati. Die war ausserordentlich aufgeregt. Endlich erlebte sie einmal ein richtiges Abenteuer, und das stand diesmal nicht in einem ihrer Bücher.

Kapitel 11

Ripugnati – kurz Gnati, wie Ati zu sagen pflegte – war alles andere als müde und hatte den Spionmodus in seinen Augen aktiviert. Es versteht sich von selbst, dass es nicht wirklich einen Spionmodus gab, den er wie einen Knopf hätte drücken können, aber er versuchte so viel in seinem Blickfeld wahrzunehmen, wie es ihm möglich war. Der Riese schlief tief und fest. Seine Trägheit erlaubte es ihm, überall zu jeder Zeit mindestens in einen dösenden Schlummer zu fallen. Die Hexe hingegen war rastlos und spickte durch die Gegend wie ein losgelassenes Gummigeschoss. Wenn er bloss wüsste, wie er der Meisterin mitteilen konnte, dass er auf der Suche nach dem goldenen Horn war. Einstmals war es ganz einfach gewesen, denn die Kristallkugel erlaubte es ihr, jederzeit mit ihm zu sprechen. Gnati war sich sicher, dass sie den Dieb angemessen dafür bestrafte, wenn sie ihn jemals in die Finger bekam. Bis es soweit war, musste er sich einen anderen Weg überlegen, doch es fiel ihm keiner ein. »Ist es jetzt schon dunkel genug?« Eine aufmüpfige Stimme rüttelte ihn aus seinen Gedanken, und er hasste die Besitzerin der Stimme dafür. »Siehst du schon Sterne am Himmel?« lautete seine genervte Gegenfrage. »Nein.« »Na, dann musst du dich eben noch ein wenig gedulden.« Ati trottete davon, ehe sie sich noch einmal zu Gnati umdrehte und dieser ein gehässiges Schnaufen von sich gab. »Wie lange muss ich mich denn noch gedulden?« Warum, warum um alles in der Welt konnte sie nicht einmal die Klappe halten und das Geschehen abwarten? »Eine Weile.« »Wie lange ist ›eine Weile‹?« »Woher soll ich das wissen? Es dauert eben noch ein bisschen.« »Glaubst du, es genügt, wenn ich bis auf hundert zähle und wieder zurück?« »Keine Ahnung. Du kannst ja einmal mit dem Zählen anfangen.« »Na gut. Eins, zwei, drei, vier … « Gereizt schaute der Zwerg in den Himmel und hoffte, dass bald die ersten Sterne erschienen. Er fragte sich, warum er sich auf die beiden eingelassen hatte, im Moment wäre es ihm lieber gewesen, wenn ihn der Riese zerquetscht hätte.

»Einundneunzig, zweiundneunzig, dreiundneunzig, fünfundneunzig … « »Du hast vierundneunzig vergessen.« »Gar nicht.« »Doch.« »Echt? Hmm, ich weiss sowieso nicht mehr, wo ich gewesen bin. Naja, dann beginne ich eben nochmal von vorn. Eins, zwei, drei … « Ironischerweise schnarchte der Riese synchron zu Atis Aufzählung und übertraf dabei mit seinem lauten Geschnarche Atis Piepsestimmchen um Weites. Die Dämmerung war schon weit vorangeschritten. Ati bemerkte die immer zunehmendere Dunkelheit und wartete gebannt auf die Sichtung des ersten Sterns. Sie erblickte ihn an der Spitze der Gebirgslandschaft Magraliens. »Booah, siehst du da, da ist ein Stern!« Gnati schien davon wenig angetan, denn es dauerte noch eine Ewigkeit, bis alle Sterne am Himmel erschienen, und wenn die kleine Göre wegen jedem Stern so einen Tumult veranstaltete, dann hatte er eine sehr lange, kaum vergehende Zeit abzusitzen. »Genau, ein Stern, ein Stern. Es ist nur ein Stern!« »Magst du keine Sterne?«

»Nein.« »Warum nicht?« »Darum.« »Aber sie leuchten so schön.« »Das ist auch das einzige, was sie können.« »Nein, sie können noch mehr! Sie zeigen uns nämlich den Weg.« »Ach ja, das hatte ich fast vergessen«, erwiderte der Zwerg sarkastisch. Der Riese wurde von Ati mit einem dürren Ast wachgeschlagen und auf die Beine gezwungen. »Aufstehen, es geht los!«

Das ungleiche Trio setzte seine Reise fort. Der Wald, schon bei Tage dunkel und unheimlich, verstärkte das unangenehme Bauchkribbeln mit seiner Totenstille. Ati, die der Riese zur Abwechslung auf die andere Schulter gesetzt hatte, blickte hoch in den Himmel und betrachtete den Stern, den Gnati zuvor als Alpha Centauris identifiziert hatte. Er war nicht heller als die anderen und leuchtete auch nicht mehr als sie. Ati fragte sich, woher der Zwerg wusste, dass sie genau diesem Stern folgen sollten, da gab es andere am Himmel, die tausendmal schöner waren und denen sie viel lieber gefolgt wäre. Der Himmelskörper führte sie weiter in den Wald hinein. Immer mehr musste Gargonda mit der freien Hand die Äste von Bäumen zur Seite schlagen. Gnati wurde in seiner anderen Hand weiter zur Presswurst verarbeitet. Was aus der Entfernung ganz nah schien, war in Tat und Wahrheit eine kraftraubende Etappe, die sie zu bewältigen hatten, und besonders Gargonda schmerzten die Füsse von der rastlosen Reise. Ati konnte kaum mehr stillsitzen und wollte am liebsten selber gehen. Diesen Entschluss würde sie aber schnell bereuen, denn müsste sie sich auf ihren eigenen Beinen fortbewegen, würde sie den Riesen nach kurzer Zeit verlieren. Merkwürdigerweise war im ganzen Wald keine einzige Fee anzutreffen. Angeblich würden sie sich nur nachts zeigen. Umso seltsamer schien es, dass keine einzige gesichtet wurde. Ihnen war's recht.

Nach einer unendlich langen Zeit, kurz vor dem Morgengrauen, waren sie an ihrem Ziel angekommen. Der Stern hatte sie zu einer feuchten Stelle im Wald geführt. Schnell erkannten sie den Grund für die hohe Luftfeuchtigkeit: Ein Wasserfall plätscherte gelassen von einem kleinen Felsvorsprung hinunter in einen kleinen Tümpel. Der Wald präsentierte ihnen eine schöne Oase. Mondlicht rundete das Stillleben ab. »Das ist aber schön hier. In dem See würde ich am liebsten baden«, stellte Ati begeistert fest. Diese Begeisterung konnte Gnati nicht mit ihr teilen, er wäre lieber wieder verschwunden, denn etwas sagte ihm, dass sie nicht allein waren. Gargonda nahm Ati von der Schulter und setzte sie ab. Sie hatte angefangen zu zappeln. Kaum hatte sie einen Fuss auf den Boden gesetzt, wollte sie zum Tümpel rennen, den sie aber als See bezeichnete. »Warte!« zischte Gnati mit einer mahnenden Stimme. Ati erinnerte dieses Zischen abermals an eine Schlange. »Warum?« »Du weisst doch gar nicht, ob es sicher ist, darin zu baden.« »Denkst du, es ist nicht sicher?« »Ich weiss es nicht, aber es ist besser Vorsicht walten zu lassen, besonders in Anwesenheit einer Fee.« »Hast du sie gefunden?« »Nein, aber ich weiss, dass sie da ist. Ich spüre es.« »Wieso kannst du so etwas spüren?« Spüren war eine nur allzu gute Beschreibung für seinen Hautausschlag, der in Gegenwart eines reinen Wesens zu spriessen begann. Man könnte sagen, Gnati war allergisch auf reinherzige Seelen. Da sich die reizbare Fläche auf dem Rücken des Zwerges befand, konnte er dies jedoch mühelos vertuschen. »Wo ist sie denn?« quengelte die kleine Hexe. »Feen besitzen die Eigenschaft, sich nur von denjenigen finden zu lassen, von denen sie gefunden werden möchten. Wenn die weise Fee sich uns nicht zeigen möchte, dann haben wir wohl wenig Hoffnung, sie zu finden.« »Und das sagst du uns erst jetzt?« »Nun ja … « »Dann könnte es also theoretisch sein, dass wir die Fee nie finden werden?« »Allerdings.« Enttäuschung machte sich in Ati breit. Am liebsten hätte sie den Ort so schnell wie möglich verlassen, einfach um weit weg zu sein von den Trümmern ihres Traumes. Der Riese hielt sie jedoch fest und bestand darauf, an diesem Ort zu übernachten, denn er war müde und konnte keinen Fuss mehr vor den anderen setzen. Er band den Mubbelky, wie schon zuvor, um einen Baumstamm. Dann drehte er sich zur Hexe um, diese war aber nicht mehr dort, wo sie vorhin gestanden hatte, sondern sass kauernd und schluchzend am Ufer des Tümpels. Er gesellte sich zu ihr. »Weisst du, das ist alles so kompliziert.« Der Riese verstand, was sie damit meinte, und grunzte. Die kleine Hexe drehte einen Stein in ihren Händen, schmiss ihn dann aber ins Gewässer. Der Riese zog sich zurück und kauerte sich an einen grossen Felsen mit scharfen Kanten. In Sekundenschnelle fiel er in tiefen Schlaf. Auch Gnati schlief, dies gab er zumindest vor, denn er schnarchte einige Male laut auf. Wie konnten die beiden einfach schlafen gehen? Hatten sie nicht bemerkt, wie nahe sie dem Rätsel waren und wie fern es plötzlich schien? Kümmerte es sie überhaupt? Hatte es sie jemals gekümmert, oder waren sie einfach mitgekommen, weil Ati es unbedingt wollte? Ati sass unverändert am selben Ort wie zuvor. Ihre Tränen trockneten allmählich, aber es gab noch so viel in ihr, das sie innerlich aufwühlte. Trotz des Mubbelkys Mahnung schritt sie auf Zehenspitzen ins Gewässer und erfrischte die müden Beine mit dem angenehm kühlen Wasser. Dann formte sie ihre Hände zu einer Schale, liess Wasser darin einfliessen und belebte ihr verbittertes Gesicht. Geschwind stieg sie aus dem Wasser und streckte sich am Ufer entlang aus, die Augen auf das Mondlicht gerichtet. Bald überkam sie die Müdigkeit, bis sie sich ihr dann ganz hingab und einschlief.

Kapitel 12

Atis Körper war ganz leicht und schwerelos geworden. Sie glaubte zu schweben. Bestimmt war das ein Traum, aber das machte nichts, es war ein schöner Traum. Farbige Lichter umrahmten ihren Körper und sie wurde wie auf einer Wolke getragen. So gut hatte sie sich noch nie gefühlt, es war, als wäre sie federleicht. Sie stieg immer höher und höher empor, bis sie schliesslich eine Insel erreichte, die mitten im Himmel schwebte. Ati schaute sich um. Die Insel leuchtete genauso schön wie zuvor die Farben um ihren Körper. Es hatte nichts auf der Insel, keine Bäume, keine Häuser,

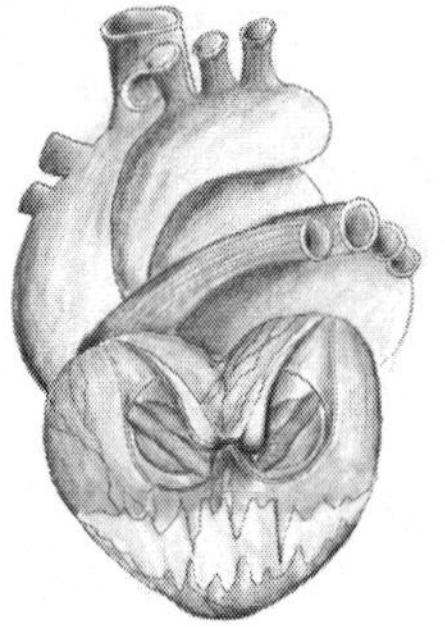

keine Strassen. Dennoch war es der schönste Ort, den Ati jemals gesehen hatte, auch wenn dies nur in ihren Träumen geschah. »Wo bin ich?« dachte sie. »Schliesse deine Augen, kleine Hexe.« Ohne Widerworte gehorchte sie. »Du hast mich gefunden, also musst du reinen Herzens sein.« Ati hatte keine Ahnung, wovon die Stimme sprach, aber sie stellte keine Fragen. »Du gedenkst zu finden das goldene Horn, nicht wahr?« Da sprudelte die Frage aus Atis Mund wie eine Brausetablette, die mit Wasser in Berührung gekommen war: »Sind Sie etwa die weise Fee?« Die warme Stimme antwortete ihr erhaben: »Es ist nicht von Bedeutung, wer ich bin, sondern was ich dir gleich sagen werde.« Die kleine Hexe wusste nicht genau, was das bedeutete. »Zu dritt ihr des Einhorns Macht zu finden sucht. Doch einer von euch drei ist nicht reinen Herzens. Bedenkt, dass des Einhorns Schatz nur gefunden werden kann, wer ihn finden, aber nicht für seine eigenen Zwecke benutzen will.« Ati grübelte nach, dann stellte sie der weisen Fee die entscheidende Frage: »Soll das etwa heissen, dass wir das Einhorn nicht finden können, weil einer von uns böse ist?« Die weise Fee antwortete ihr nicht darauf, doch Ati kannte die Antwort schliesslich selbst: »Wenn, dann muss es bestimmt Gnati sein.« Es gab so vieles, was Ati die Fee hätte fragen wollen, doch sie war aus irgendeinem unerklärlichen Grund nicht in der Lage zu sprechen. »Eins noch, kleine Hexe, es gibt noch jemanden, der auf der Suche nach dem Einhorn ist und dessen Blut getränkt ist von Habgier.« »Wer ist es?« Ati musste einfach mehr erfahren. »Es ist eine böse Kreatur, und sie ist die Quelle jener Legende, die vor so vielen Jahren geboren wurde.« »Sie meinen doch nicht etwa die böse Hexe?« Die Fee sagte nichts. »Aber die soll doch schon lange tot sein. Das kann nicht sein.« »Hüte dich, kleine Hexe, und beeile dich. Finde das goldene Einhorn, bevor die böse Hexe es findet und sich die Geschichte wiederholt.« Ein Sog zog Ati von der Insel hinunter, und sie konnte nichts dagegen machen. Die Augen immer noch geschlossen, rief sie ein letztes Mal nach der weisen Fee: »Wo muss ich nach dem Einhorn suchen?« Die sanfte Stimme antwortete ruhig: »Warum danach suchen, es ist doch nie weggegangen.« Der Sog wurde zu stark und Ati wurde, wie von einem Tornado ergriffen, von der Insel geschleudert. Sie donnerte den Himmelsteg hinab und raste mit hoher Geschwindigkeit dem Erdboden entgegen. Just in dem Moment, in dem sie hätte auf dem harten Grund aufschlagen müssen, schreckte die schlafende Ati hoch und riss die Augen auf. Was hatte sie da nur geträumt? Doch der regenbogenartige Staub, der noch immer an ihr haftete, sagte ihr, dass es kein Traum gewesen war.

Zwei Schritte nach links, drei nach rechts, auf und ab. Ati scheuchte wie ein aufgeschrecktes Huhn durch die Gegend. Was war gerade geschehen? War dies die Wirklichkeit? Was hatte die weise Fee ihr gesagt? Die böse Hexe lebte, und sie war auf der Suche nach dem Einhorn. Wusste sie, wo es war? Wie hat sie das gemeint, als sie sagte, das Einhorn wäre nie weggegangen? Viele waren auf den Berggipfel gepilgert, ohne jemals ein Einhorn gesehen zu haben. Sollte sie dem Riesen von ihrem Traum erzählen? Nein, das konnte sie nicht, der Mubbelky würde sie hören. Es war der Mubbelky, der nicht reinen Herzens war, oder? Ja, das konnte nur der Mubbelky sein. Dem Riesen vertraute sie, ausserdem war sie ohne ihn verloren.

Sie mussten also auf die Spitze des Berges. Wie würde sie den Riesen dazu bringen, dorthin zu gehen, wenn sie ihm keinen plausiblen Grund nennen konnte? Sie musste ihm sagen, dass sie der weisen Fee begegnet war und auch, dass es wichtiger denn je war, das Einhorn zu finden. Anderseits würde er entweder grunzen oder mit den Schultern zucken, am besten also, sie verlangte es einfach von ihm. Er würde es wahrscheinlich nicht hinterfragen, ganz im Gegensatz zum Mubbelky, der sich mittlerweile von den Attacken des Riesen erholt zu haben schien. Sie musste sich den Feenstaub abwaschen, bevor sie einer der beiden damit zu Gesicht bekam. Leise schlich sie sich in den See und schrubbte sich mit den Händen den Feenstaub vom Körper. Schlagartig erinnerte sie sich an Gnatis Worte: Der Feenstaub im Wasser lässt einen angeblich schweben. War sie deshalb zur weisen Fee gelangt? Weil sie Feenstaub an sich hatte? Badeten in diesem Gewässer etwa Feen? Dann fiel es ihr wie Schuppen von den Augen. Regegenbogenfarben leuchteten durch den Wasserfall hindurch, ganz sanft, so dass man zweimal hinschauen musste, bis man sie erkannte. Die Feen hatten sich offenbar in ihr Versteck hinter dem Wasserfall zurückgezogen, um nicht gesehen zu werden. Es reizte sie, nachzusehen, um sich zu vergewissern, doch sie erinnerte sich daran, dass sie erblindete, wenn Feenstaub in ihre Augen gelangte, und so liess sie von ihrem Vorhaben ab. Sie hatte eine Aufgabe bekommen und die Zeit drängte. »Kikerikiii, aufwachen ihr Schlafmützen, wir müssen los!« Sowohl Gargonda als auch Gnati erschraken sich dermassen ab dem morgendlichen Geschrei, dass der Riese seinen Kopf gegen einen hervorstehenden Ast schlug und sich sofort eine schmerzhafte Beule an der Stelle bildete und Gnati ein stechender Schmerz durch seine Gehirnmasse zog. »Warum so eilig, Hexe?« »Wir haben einen weiten Weg vor uns.« »Du willst weiterziehen? Aber wir haben die Hexe doch gar nicht gefunden.« »Nein, aber wenn du sagst, dass wir die weise Fee sowieso nicht finden können, macht es wohl keinen Sinn hierzubleiben, oder?« Ati hatte es geschafft und dem Mubbelky ein überzeugendes Argument geliefert. »Und wohin gedenkst du zu gehen?« »Na auf den Berg, wohin denn sonst?« »Warum willst du ausgerechnet dorthin?« »Überleg doch mal, das Einhorn ist dort zuletzt gesichtet worden. Wir verfolgen seine Spur.« »Du naives Kind! Glaubst du, das Einhorn hat auf dem Berg seine Hufabdrücke hinterlassen, denen wir folgen können? Viele haben nach dem Einhorn gesucht! Alle haben sie ihre Suche auf dem Gipfel des Berges gestartet, ohne jemals das Einhorn gefunden zu haben.« »Trotzdem, ich will dahin. Riese, was meinst du?« Ein Schulterzucken folgte. »Siehst du, er ist auch der Meinung, dass wir auf der Bergspitze suchen müssen. Das bedeutet zwei gegen einen. Du hast verloren.« Gnati knirschte mit den Zähnen und fluchte vor sich hin. Bevor er das letzte, unschöne Wort hatte aussprechen können, packte ihn der Riese und presste ihn wieder zu einer Teewurst. Die Hexe hatte wieder eines ihrer Lieder angestimmt und trällerte eine nervtötende Strophe nach der anderen.

Kapitel 13

»Gnati, warum bist du eigentlich so ein Miesepeter?« Ati war keine Strophe mehr eingefallen und so widmete sie sich dem Zwerg. »Ich bin kein Miesepeter.« »Doch, du bist griesgrämig, muffelig und mürrisch. Fehlt dir was?« »Nein, ich bin ein Zwerg. Zwerge sind so.« »Eben hast du aber noch gesagt, du wärst kein Zwerg.« »Bin ich auch nicht, ich bin ein Mubbelky.« »Aber du … « »Könntest du für fünf Minuten deinen Schnabel halten? Nur für fünf Minuten?« »Siehst du? Du bist grimmiger als Tante Martha, wenn sie morgens keinen Kaffee bekommen hat.« »Grrr.« Der Zwerg war es leid, dem Kind mögliche Nahrung für eine weitere Frage zu liefern und so knurrte er lieber. Die Hexe hörte ihn nicht, längst hatte sie ein neues Lied eingestimmt. »Gni, Gna Gnati, griesgrämig, grimmig und grantig, Gni, Gna, Gnati … « Das ging eine Ewigkeit so weiter, bis sie sich irgendwann versprach und anstelle von Gnati »Gnatschi« sang. Ein lautes Glucksen betonte ihren Fehler. »Haha. Gnatschi … mir gefällt Gnatschi. Das passt viel besser zu dir.« »Tut es nicht.« Allerdings war es zu spät, die Hexe erfreute sich an ihrer Neuentdeckung und erwähnte seinen erfundenen

Namen bei jeder Gelegenheit. Gnatschi hier, Gnatschi dort. Er hasste diese Hexe.

Mit grossen Schritten näherten sie sich der Gebirgslandschaft Magraliens. Die Gipfelspitze des höchsten Berges war aus der Ferne zu erkennen. Immer kühler werdende Luft schlug ihnen ins Gesicht. Gargonda schritt dynamisch dem höchsten Berg entgegen, und Ati glaubte mit jedem Schritt, den sie auf den Berg zugingen, ein Körperglied einfrieren zu spüren. Irgendwann war ihr so kalt, dass sie nichts mehr fühlte. Gnati hingegen schien es in der warmen Hand des Riesen hervorragend zu gehen. Der Riese selbst hatte so eine dicke Hornschicht, dass er möglicherweise gar nicht bemerkt hatte, dass die Temperatur gewaltig in den Keller gesunken war. Am Fusse des Berges angekommen, glich Ati einem Eiszapfen. Dicker, undurchsichtiger Nebel versperrte ihnen die Sicht. »Das schaffen wir nie bis ganz nach oben.« »Wir müssen aber!« erwiderte Ati dem Mubbelky entschlossen. Eine mystische Stimmung umgab das Gebirgsmassiv. Dunkler Rauch bedeckte das Himmelszelt mit einer Kruste und trübte die Atmosphäre. Die einzige Lichtquelle in dem Dunstkreis spendete ein weisser Streifen am Horizont. Gargonda blickte kurz in die Anhöhe hinauf und vergewisserte sich bei der kleinen Hexe und dem grimmigen Zwerg, ob sie bereit waren. Er setzte seinen gigantischen Fuss auf den schneebedeckten Untergrund und schritt dem unbekannten Abenteuer entgegen. »Hexe, was hast du vor, wenn du auf dem Gipfel des Berges angekommen bist?« Erwartungsvoll prüfte Gnati jedes Wort, das Ati sprach, um auch die kleinste Kleinigkeit zu vernehmen, doch seine Hoffnung auf interessante Auskünfte wurde getrübt, als die Hexe schulterzuckend sagte: »Keine Ahnung, ich weiss ja nicht, was uns auf dem Gipfel erwartet.« Mittlerweile hatte sie es sich zur Gewohnheit gemacht, ihre Schultern genauso nichtssagend zu zucken wie der Riese. Darüber hinaus stimmte es ihn nachdenklich, dass die Hexe aufgehört hatte, ihre Lieder zu trällern. Auch wenn diese eine richtige Plage darstellten, so erzählten sie dem Zuhörer immer, was der kleinen Hexe durch den Kopf ging. Sie verheimlichte ihnen etwas, da war er sich sicher.

Kapitel 14

Ripugnati.«, buchstabierte der Zwerg seinen Namen noch einmal, als die anstrengende Göre diesen abermals falsch ausgesprochen hatte, um anschliessend erneut festzustellen, dass es einfacher war, ihn Gnati zu nennen. Er hätte vor Wut platzen können. Es war der Gedanke an die Herrin, der ihn ein wenig besänftigen konnte. Sie würde dem schnatternden Nichtsnutz das Maul stopfen, da war er sich sicher, und als er sich die Szenerie bildlich vorstellte, löste sich ein fieses Lachen von seinen Lippen. Dieses jedoch verstummte so schnell, wie es gekommen war. Sie hatten schon eine beachtliche Strecke zurückgelegt, und man konnte nur noch schlecht unterscheiden, ob nun Tag oder Nacht war. So sehr die Zeit drängte, beschlossen sie doch, eine Pause einzulegen, denn besonders der Riese konnte kaum mehr einen Fuss vor den anderen setzen. Dieses Mal banden sie den Zwerg nicht an einen Baum. Der Riese wackelte bedrohlich mit den Beinen. Ati empfahl ihm deshalb, sich besser hinzusetzen. Der Riese gehorchte, gönnte sich aber das Nickerchen nicht, bevor er den Mubbelky nicht ausbruchssicher in seiner

Hand wusste. Gnati, der nun endgültig das Aussehen einer vakuumierten Forelle angenommen hatte, versuchte verzweifelt nach Luft zu schnappen und diese durch den offenen Mund hinunterzuziehen. Er liess seinen Schlangenblick zu Ati gleiten, musste dann aber verärgert feststellen, dass diese ihn wohl schon seit einiger Zeit beobachtet hatte. »Bist du nicht müde, Hexe?« »Nein.« »Du solltest dich besser ausruhen. Wir haben noch einen weiten Weg vor uns.« »Mach ich doch, ich sitze.« Stillschweigend verharrten sie in ihrer Position. Nur der Riese veränderte in seinem tiefschlafähnlichen Zustand ab und an die Lage, sehr zu Gnatis Missfallen, denn offenbar hatte er vergessen, dass er etwas Lebendiges in seiner Hand hielt und drückte diese nach Belieben zusammen und lockerte dann den Griff wieder. Gnati mutierte von der vakuumierten Forelle zu einer vollen Taube Vermicellepüree, die vollständig ausgedrückt wurde. Eine Ewigkeit, wie es ihm vorkam, verging, bis Ati den Riesen mit einem Tannenzapfengeschoss wachbombardierte und ihn zum Aufbruch überredete.

Urplötzlich, wie aus dem Nichts, überraschte sie eine Lawine, die sich offenbar an einer Felswand weiter oben gelöst hatte. Gargonda schaffte es im letzten Augenblick, sich schützend über Ati zu ducken. »Wir müssen uns beeilen! Das Wetter wird nur noch schlimmer!« Mit letzter Kraft kletterte der Riese die steile Felswand hinauf, die den Weg zum Gipfel wies. Gleich hatten sie es geschafft. Die Spitze war zum Greifen nah. Bald würde Ati das goldene Einhorn finden und es in Schutz bringen können. Wohin, das wusste sie noch nicht, aber irgendetwas würde ihr schon einfallen. Ati schaukelte so wild auf der Schulter des Riesen hin und her, dass dieser sie runterliess und in die meterhohe Schneeschicht steckte. Obwohl von der Hexe nicht mehr viel zu sehen war, kämpfte sie sich flink wie ein Wiesel durch die Schneemassen und erreichte den Gipfel als Erste. Hastig schaute sie sich um. Sie wurde schon erwartet. Es war aber nicht das Einhorn, das auf sie wartete, es war Mystica!

Kapitel 15

Das alte Weib sass auf einem Stein. Ihre Augen leuchteten giftgrün wie der Froschaugenlikör, den Ati damals aus Versehen verschüttet hatte. Ein dämonischer Blick strahlte aus ihren Augen. Jetzt sah sie gar nicht mehr wie ihre Lehrerin aus, sondern wie ein furchteinflössendes Gespenst.

»Sie? Aber was machen Sie denn hier?« Ati war so perplex, dass sie Buchstaben nur stotternd aneinanderreihen konnte. »Ich habe auf dich gewartet«, krächzte sie. »Warum?« Ati wusste, dass die Frage überflüssig war. Sie war von der Schule abgehauen. Liesse man das Desaster mit dem Zaubertrank ausser Acht, hätte Mystica immer noch tausend Gründe, sie von der Schule zu verweisen. »Weil ich dich brauche.« »Hören Sie, das mit dem Froschaugenlikör, den Scherben und dem Teppich tut mir unheimlich leid. Ich weiss, ich hätte nicht abhauen sollen aber … « »Schweig! Wenn wir hier fertig sind, wird es keine Schule mehr geben.« »Warum nicht?« »Weil ich sie zerstören werde.« »Aber warum wollen Sie unsere Schule zerstören?« Mystica wandte sich ab und richtete ihr Wort an Gnati, der inzwischen wie ein zusammengedrückter Rollmops aussah. »Bald werde ich meine Macht wieder erlangt haben, und dann wird alles so sein wie früher.« »Ihre Macht?« Ati verstand nicht, was sie genau damit meinte. Erst als sie die Worte nochmals nachsprach, begriff sie: »Sie sind die böse Hexe!« »Ja, ich mag es, wenn man mich so nennt. Los, zeig mir, wo sich das Einhorn versteckt.« »Das Einhorn? Ich sehe kein Einhorn.« »Natürlich siehst du eins. Du musst eins sehen können. Du bist reinen Herzens.« »Woher wissen Sie das? Ähm, ich meine warum denken Sie das?«Zu spät, sie hatte sich schon verplappert. »Du brauchst mir nichts vorzumachen. Ich weiss alles: Wo du die letzten Tage gewesen bist, was du gegessen hast, und auch dein kleiner Besuch bei der weisen Fee blieb mir nicht verborgen.« Zum ersten Mal meldete sich der Riese, denn er warf Ati einen fragenden, leicht gehässigen Blick zu. Es ärgerte ihn, dass Ati ihm offenbar etwas verschwiegen hatte und sie mehr wusste, als sie zugab. »Warum wissen Sie das alles?« »Die Kristallkugel hat es mir verraten. Übrigens muss ich mich bei dir entschuldigen, du hast sie tatsächlich nicht gestohlen.« »Hab ich doch gesagt. Bestimmt steckte sie in Ihrem verlogenen Hinterteil.« Nicht, dass Ati jemals ein Blatt vor den Mund genommen hätte, aber diese Behauptung war tatsächlich frech. »Du bist mutig. Mir fällt sicher noch eine passende Strafe für dein vorlautes Maul ein. Vielleicht verhexe ich es in einen Papageienschnabel.« »Machen Sie doch.« »Nein, noch nicht. Erst möchte ich, dass du mir sagst, wo das Einhorn ist.« »Auf gar keinen Fall.« »Nicht? Dann solltest du mal da rüber schauen. Ich denke, dass wird dir helfen, deine Entscheidung nochmals zu überdenken.« Das böse Lehrerbiest zeigte auf eine kleine Baumgruppe. Am mittleren Baum erkannte sie Ehni, ihre Schwester, die von einem unsichtbaren Seil am Baum festgehalten wurde. »Sie war es übrigens, die die Kristallkugel gestohlen

hatte.« »So ein Quatsch!« Doch ein feines, kaum zu erkennendes Nicken bestätigte den Vorwurf. »Also, unser kleines Abkommen ist ganz einfach. Du sagst mir, wo das goldene Einhorn ist, und im Gegenzug werde ich deine Schwester freilassen, sobald ich das Horn in den Händen halte.« »Woher weiss ich, dass ich Ihnen trauen kann?« »Oh, das kannst du nicht, aber was bleibt dir anderes übrig?« Ein hämisches Grinsen wie das des Zwergs zog sich über ihr Gesicht. Der Zwerg! Das war die Lösung! Gargonda hielt den Zwerg immer noch in seiner Hand. Ati brauchte nicht lange, um ihre Drohung auszuformulieren. »Wenn du meine Schwester nicht sofort gehen lässt, sage ich dem Riesen, er soll den Zwerg zerdrücken wie eine kleine Erbse.« Die böse Hexe schnipste einmal mit den Fingern, und der Mubbelky wurde Gargonda aus den Händen gerissen, ohne dass dieser eine Chance hatte ihn festzuhalten. Sie platzierte den Zwerg neben sich. »Was hast du nochmal gesagt?« »Nichts.« Ati senkte den Kopf. Sie konnte kein Einhorn sehen. Nirgendwo. Nicht auf einer Felsplatte, nicht bei der Baumgruppe und auch sonst nirgends. Sie blickte zum Mond hinauf, der von hier aus deutlich zu sehen war. Sein Glanz schimmerte auf einen kleinen See, der sich ganz oben auf dem Gipfel gebildet hatte. Sie wusste nicht, was sie machen sollte, denn sie konnte nichts erkennen. Vielleicht war sie gar nicht reinen Herzens. »Wo ist es?« Mystica drängte darauf, das Einhorn in die Finger zu kriegen, und Ati musste ihr so schnell wie möglich einen Hinweis liefern. Nur wie? Angespannt ging sie zum See hinüber. Sie hatte keine Ahnung, wo sie sonst hätte hingehen sollen, und länger an Ort und Stelle verharren konnte sie auch nicht, schliesslich sollte Mystica zumindest den Eindruck haben, sie würde nach dem Einhorn suchen. Dort, wo das Ufer das Wasser am meisten zurückhielt, kniete sie nieder und starrte auf die Wasseroberfläche. Hätte sie nicht in einer so beklemmenden Situation gesteckt, hätte es ihr hier gefallen. Ein violetter Streifen zog sich verträumt über das Wasser und versetzte die ganze Umgebung in eine warme Atmosphäre. Das Mondlicht schnitt sich mit dem violetten Lichtstreifen. Dort glaubte Ati etwas glitzern zu sehen, doch sie war sich nicht sicher. Wieder glitzerte es, dieses Mal jedoch an einer ganz anderen Stelle. Immer und immer wieder leuchtete das Glitzern auf und bildete mitten auf dem See einen Kreis. Ati tauchte ihre Hände ins Wasser, es leuchtete so schön, und sie wollte etwas von diesem Leuchten einfangen. Auf ihren Händen blieben jedoch nur Wassertropfen zurück. Ein wenig enttäuscht strich sie ihre nassen Hände an ihrem Rock ab und kniete aufrecht. Sie blickte zu Mystica zurück, die schon fast gelangweilt die Augen verdrehte. »Hast du's gesehen?« »Noch nicht!« Bevor Mystica zu einer weiteren Drohung ansetzen konnte, vergewisserte Ati ihr: »Ich hab's gleich!« Hätte sie doch gewusst, wie recht sie damit hatte. Das Einhorn schwebte in einer riesigen Blase aus dem See hinaus und erleuchtete den ganzen Gipfel mit seinem goldenen Horn. Das ehrwürdige Tier bereitete ihnen einen unvergesslichen Anblick und sein perlmuttweisser Schimmer, der es umgab, leuchtete kräftiger als alles, was sie jemals zuvor gesehen hatten. Ati schwelgte einen Moment in Erinnerungen des Glücks, als sie das edle Geschöpf beäugte. Mystica brach die Stille, als sie wie vom Hafer gestochen auf das Tier zurannte und Ati beiseite stiess, so dass diese zu Boden fiel und schmerzhaft mit dem Arm aufschlug. Die böseste aller bösen Hexen erhob die Hand und sprach einen Zauber. Ati musste das Geschehen mitanschauen und schluckte verzweifelt. Hatte sie nicht schon immer gewusst, dass etwas Gemeines in Mystica schlummerte und nur darauf wartete, herausgelassen zu werden? Was sollte sie jetzt machen? Sie blickte zum Riesen hinüber. Der stand reglos und unbeweglich da. Ati fragte sich, ob Mystica ihn verhext hatte, als sie vor dem

See gekniet hatte. Sie war auf sich alleine gestellt, ohne Waffe oder Zauberkräfte, die etwas gegen das arglistige Weib hätten ausrichten können. »Bitte, tu ihm nichts!« Mystica, die offenbar schon fast vergessen hatte, dass sie nicht alleine war, hetzte ihren Diener auf Ati. Festgehalten von dem stinkenden Zwerg, bat sie die Hexe erneut. »Lass es in Ruhe. Es hat dir nichts getan!« Die grünen Augen auf Ati gerichtet, protestierte sie: »Es hat mir sehr wohl etwas getan. Es hat mir meine Kräfte geraubt! Aber heute, heute hole ich sie mir zurück.« Ati fixierte sie mit ihrem Blick und versuchte den giftgrünen Augen standzuhalten. Das Lehrerbiest lachte erneut so kalt und niederträchtig, dass Ati glaubte, das Blut in ihren Adern gefriere. Die Hand zum Hexen gehoben, sprach sie den Zauberspruch von neuem aus. Gleich war es zu Ende mit dem Einhorn und die böse Hexe kehrte zurück. Nein, das durfte nicht geschehen! Mit der allerletzten Kraft, die ihr Körper noch irgendwie hergab, riss sich die kleine Hexe von dem Zwerg los und warf sich direkt vor Mysticas Hand, die soeben den Zauberspruch zu Ende gesprochen hatte. Ati erwischte es mit voller Wucht und sie donnerte halb ohnmächtig auf den kalten, felsigen Grund. Gargonda zerriss es bei diesem Anblick beinahe das gigantische Riesenherz. Doch bevor er die Hexe eigenhändig erschlagen konnte, strahlte der Zauber, der zuvor Ati getroffen hatte, auf Mystica zurück. Ein Strahl, so hell wie der der aufgehenden Sonne, wurde aus Atis Seitentasche auf Mystica reflektiert. Der Riese wusste nicht, was gerade geschah, bis sich Ati ein wenig benebelt aufrichtete. Offenbar fehlte ihr nichts. Mystica, die von ihrem eigenen Zauber getroffen wurde, wurde augenblicklich zu Stein.

Anfänglich wackelte der Stein noch ein wenig, dann wurde es plötzlich ganz still, und wo einst die böseste aller bösen Hexen gestanden hatte, erinnerte nur noch eine Steinfigur an das grösste

Scheusal, das jemals Magralien beherrscht hatte. Gnati oder R i p u g n a t i, wie er seinen Namen der kleinen Hexe immer buchstabiert hatte, stand neben seiner Herrin, die nun ein steiniger Brocken war und fing bei diesem Anblick an zu schluchzen. Es klang jedoch nicht nach einem ehrlichen, echten Schluchzen, wahrscheinlich war der Mubbelky überfordert, seine Dienerrolle abzulegen und sein eigener Herr zu sein. Ati rieb sich kurz den Arm, der immer noch schmerzte. »Was meinst du Riese, ob er Popelpudding mag?« Der Riese antwortete, wie er ihr noch nie zuvor geantwortet hatte: Er zuckte mit den Schultern und grinste dazu. »Was meinst du Gnatschi, möchtest du lieber in Popelpudding baden oder soll dich der Riese lieber gleich fressen?« Bevor sich Gnati eine entsprechende Antwort auf die völlig unwürdige Frage zurechtlegen konnte, grunzte der Riese erneut. Es war aber nicht eines seiner üblichen Grunzgeräusche, es glich eher einem Knurren. »Ja, du hast recht, Riese, der alte Stinkstiefel ist bestimmt unverdaulich.« Während Ati sich an die Stirn fasste, um über den Verbleib des hinterhältigen Zwergs zu sinnieren, handelte die Gerechtigkeit: Auf mysteriöse Art und Weise begann der erhärtete, steinige Brocken, der früher einmal eine Hexe gewesen war, zu wackeln, krachte schliesslich zu Boden und erschlug den Mubbelky. Atis und Gargondas Blicke trafen sich. Es war nicht nötig, das Geschehene in Worte zu fassen. Beide waren dankbar, dass ihnen die Entscheidung nach dem Verbleib des Zwerges abgenommen wurde. Ati pflückte ein vierblättriges Kleeblatt, das sie im Perlmuttschein des Einhorns entdeckt hatte und legte es dem Zwerg, der eigentlich kein Zwerg war, auf die blutige Stirn. »Möge er dort, wo er jetzt ist, ein bisschen Glück finden.« Sie verharrte einen Moment bei dem Mubbelky, dann drehte sie sich um und fixierte das Einhorn, das immer noch über dem See schwebte. Das Horn war von seiner Stirn gefallen und trieb im Wasser nahe dem Ufer. Ati hätte locker danach greifen können, doch etwas in ihr hinderte sie daran. »Ich verstehe das alles nicht.« Sie setzte sich ans Ufer und betrachtete das ehrenvolle Tier. Das war das Einhorn, das nun kein Einhorn mehr war, sondern der schönste Schimmel, den Ati je gesehen hatte. Ein ohrenbetäubender Krach rüttelte sie aus ihren Gedanken. Der Riese zertrümmerte den steinigen Brocken der Hexe mit seinen Fäusten und hörte erst damit auf, als kein Steinchen mehr grösser als ein Kiesel war. »Ich glaube, sie ist jetzt tot.« Es fühlte sich komisch an, denn ein Schmunzeln bildete sich auf ihren Lippen als sie sah, wie wütend der Riese immer noch auf die Hexe war. Eine Stimme, die von der Baumgruppe aus widerhallte, liess einen Anflug schlechten Gewissens in Ati aufkommen; sie hatte doch tatsächlich ihre Schwester vergessen, die immer noch an den Baum gefesselt darauf wartete, befreit zu werden. Schneller als ein Auge dies hätte verfolgen können, rannte die kleine Hexe in Ehnis zusammengebundene Arme und krachte dabei fast in den Baum.

Kapitel 16

Da war das Einhorn also, aufgetaucht wie aus dem Nichts. Obwohl sie ein Rätsel gelöst hatte, das die Bewohner Magraliens schon seit Jahrhunderten beschäftigte, war Ati alles andere als erleichtert. Sie hatte so viele Fragen. Einige davon konnte Ehni ihr beantworten, beispielsweise, wie sie in Mysticas Fänge geraten war und wo die Kristallkugel nun war. »Zerstört«, hatte sie gesagt. Offenbar hatte Ehni sie fallen lassen, bevor Mystica sie an sich reissen konnte. Da gab es aber noch Fragen, die Ehni nicht beantworten konnte. Genau diese Fragen waren es, die Ati Löcher in den Bauch frassen. Wieder setzte sie sich an das Seeufer und starrte auf das Einhorn ohne Horn. Sein goldenes Horn war nun gänzlich ans Ufer gespült worden, es berührte sogar Atis Füsse, doch sie griff nicht danach. Im Gegenteil, es widerte sie an. Wie konnte etwas so Wunderschönes so viel Leid verursachen? Ehni setzte sich neben sie und hielt ihre Schulter. Sie war froh, dass Ehni da war, ihre Schwester, die beste Schwester auf der ganzen Welt! Der Riese gesellte sich dazu und warf die beiden Hexen kurz einige Zentimeter in die Höhe, als er sich auf den Boden plumpsen liess.

Die beiden Hexen schenkten ihm ein Lächeln und der Riese – der Riese lächelte zurück. »Du kannst ja doch lachen! Hab ich's doch gewusst!« stellte Ati zufrieden fest. »Natürlich können Riesen lachen, was dachtest du denn?« Ehni wusste es wie immer besser, aber Ati war noch nie so glücklich über ihre Klugscheisserei gewesen wie in diesem Augenblick. Sie verweilten einige Sekunden, Minuten, Stunden, oder sogar Tage, sie wussten es nicht, vor dem Einhorn ohne Horn. Ehni war es, die die Stille unterbrach. »Was machen wir jetzt damit?« »Womit?« »Na, mit dem goldenen Horn.« »Keine Ahnung.« Erneut trat Stille ein und je länger sie dasassen, desto mehr schmerzten die Gelenke und desto mehr Fragen warfen sich ihnen auf. Ein lautes Beben gab Auskunft darüber, dass sich der Riese wohl erhoben hatte und Ehni tat es ihm gleich. »Komm Ati, es wird Zeit zu gehen.« Ein letztes Mal drehte sie sich zum Einhorn um. Ihre Gedanken wirbelten so schnell durch ihren Kopf, dass sie glaubte, nicht mehr ganz bei Sinnen zu sein. Wenn sie zu Hause waren, würde man sie vermutlich in ein Irrenhaus stecken, besonders, falls sie das Einhorn erwähnte. Sollte sie überhaupt dorthin zurückkehren? Wohin sollte sie sonst gehen? Wohin ging der Riese? Sollte sie dem Riesen folgen? Sie waren gerade dabei, den Gipfel hinunterzusteigen, als ein leises, kaum hörbares Wiehern nach ihnen rief. Ati blickte zum See zurück. Die weise Fee schwebte neben dem Einhorn auf dem See und streichelte seine Blesse. Ati wollte sofort auf sie zu rennen, erinnerte sich dann aber an Ehni und den Riesen und blieb stehen. »Geh schon, Ati«, forderte Ehni sie auf. Nachdem beide ihr zunickten, zumindest glaubte sie das neu erlernte Lächeln des Riesen als Zustimmung zu interpretieren, eilte sie der weisen Fee entgegen. Kurz bevor sie das Ufer erreicht hatte, blieb sie stehen. »Es ist in Sicherheit, oder?« »Ja.«, antwortete die weise Fee. »Wird es jetzt für immer hier bleiben?« »Du hast es von seinem

Fluch erlöst, Ati. Es ist an der Zeit zurückzukehren.« »Wohin?« »An den Ort, wo alle Einhörner zurückkehren, wenn die Zeit gekommen ist.« »Wo ist dieser Ort.« »Das ist ein Geheimnis – und soll es auch bleiben.« »Kennst du das Geheimnis?« »Ich kenne viele Geheimnisse.« Diese magischen Wesen hatten nicht alle Tassen im Schrank; warum konnten sie nicht einfach so sprechen, dass eine kleine Hexe wie Ati eine war, sie verstehen konnte? Wut kochte in Ati, denn sie wollte endlich Antworten, nein, sie verlangte sie sogar, immerhin hatte sie ihr Leben aufs Spiel gesetzt. Die weise Fee bemerkte ihren enttäuschten und grimmigen Gesichtsausdruck. »Das Einhorn wird an einen sicheren Ort zurückkehren. Du hast es geschafft, Ati. Die Bewohner Magraliens sind dir zu grossem Dank verpflichtet.« »Die stecken mich vorher in eine Klapsmühle, als dass sie sich bei mir bedanken.« »Niemand wird dich dorthin strecken, du hast mehr Macht als sie alle zusammen.« »Ich? Nein, bestimmt nicht. Ausser sie liessen sich von Popelpudding und Koboldnierensirup einschüchtern.« »Du kannst viel mehr als Popelpudding und Koboldnierensirup hexen. Du bist nun die mächtigste Hexe Magraliens.« »Was? Aber ich ... « Ati stotterte unglaubwürdig. »Als der Fluch von deinen Glasscherben auf die böse Hexe zurückgestrahlt wurde, hat sich ihre Macht an jenes Wesen gebunden, das ihrer würdig war.« »An mich?« »An dich«, bestätigte die Fee. »Aber das goldene Horn, ich habe es liegen lassen. Ich habe es nicht einmal angerührt.« »Das ist nicht von Bedeutung Die Macht steckte im Inneren des Horns. Die böse Hexe hatte es als eine Art Speicher benutzt.« »Als Speicher?« »Ja, so war es ihr möglich, eine so grosse Macht zu erlangen. Niemand kann so viel Magie in seinem Körper aufnehmen, vorher würde sie einen zerreissen.« »Aber warum das Einhorn? Ich dachte, nur wer reinen Herzens ist, kann das Einhorn sehen?« »Es zeigt sich nur dem, der reinen Herzens ist.

Zeigt es sich jedoch, kann jeder es sehen. Das hast du ja vorhin selbst erlebt.« »Stimmt, aber warum ist das Horn abgefallen?« »Ein so reines Wesen wie ein Einhorn erträgt es nicht, so viel böse Zauberkraft in sich zu haben. In jener besagten Nacht hatte es versucht, sie loszuwerden. Deshalb haben die Einwohner Magraliens damals einen Blitz gesehen.« Ati begann langsam zu begreifen. »Das war also gar kein Blitz gewesen, sondern die Magie, die in dem Einhorn steckte.« »So ist es und um sich zu schützen, hat es sein Horn geopfert, deshalb ist es golden geworden.« »Was war damals mit Mystica geschehen?« »Ihre Zauberkraft hatte sie vollständig verlassen und es dauerte hunderte von Jahren, bis sie einen kleinen Teil ihrer Zauberkraft wieder erlangte.« »Die Kristallkugel, man hat damals eine Kristallkugel auf dem Gipfel gefunden.« »Das war jene Kristallkugel, die deine Schwester zerbrochen hat. Es war die Kristallkugel, die die böse Hexe in jener dunklen Zeit erschaffen hatte, um ihre Macht zu kontrollieren.« »Dann habe ich jetzt die ganze Macht der bösen Hexe in mir?« »Ja.« »Aber ich dachte, es wäre zu viel Macht für eine einzige Hexe.« »Es wäre zu viel Macht für eine Hexe, deren Herz nur mit Boshaftigkeit gefüllt ist, dein Herz jedoch, kleine Ati, ist genügend gross, um Unmengen an Macht aufzunehmen.« Der Gedanke, Mysticas Zauberkräfte in sich zu tragen, widerte Ati an. »Ich will das aber nicht.« »Du willst nicht?« »Ganz genau. Vielleicht kann ich nicht gut zaubern, aber es ist mir lieber nichts zu können, als etwas zu besitzen, das mir gar nicht gehört.« »Das sind weise Worte, kleine Hexe.« »Kann ich die Zauberkraft wieder loswerden?« »Bist du dir denn sicher?« Ati brauchte nicht lange darüber nachzudenken. So verlockend die Idee war, über alles herrschen zu können, so angsteinflössend war sie auch. Ati dachte an Mystica. Es war erschreckend, wozu die Gier nach grenzenloser Macht sie getrieben hatte. Sie wollte nichts beherrschen. Zum ersten Mal in ihrem Leben hatte sie einen Freund gefunden, diese Freundschaft würde sie nicht aufs Spiel setzen. Fest entschlossen sprach sie das aus, was ihr Bauch und nicht ihr Kopf ihr sagte: »Ja, ich bin mir sicher, ich will diese Zauberkräfte nicht haben.« »Selbst wenn Popelpudding und Koboldnierensirup das Einzige sein wird, was du jemals wirst hexen können?« »Selbst dann«, nickte Ati. »Wie du möchtest.« Die Fee richtete ihren Finger auf das goldene Horn, das am Ufer lag und hin und wieder von einer kleinen Welle bewegt wurde. Ganz langsam begann es zu schweben und stieg in die Höhe, bis es stoisch vor Atis Augen pendelte. »Wenn du deine Zauberkräfte zurückgeben möchtest, dann berühre jetzt das goldene Horn.« Ati hob die Hand und fasste an die dünne Spitze des Horns. Ein Blitz schoss himmelwärts, als die erste Fingerspitze es berührte. Anders als die Legende es erzählt, kam er jedoch nicht mehr zurück. Ati löste benebelt ihren schwachen Griff vom Horn und ihre Beine taumelten hin und her. »Das wird gleich wieder besser.« »Was ist passiert?« wollte die kleine Hexe wissen. »Das Horn hat dir die Zauberkräfte entzogen und sie an einen unerreichbaren Ort geschickt, wo keine Hexe und kein Zauberer sie jemals wieder finden können.« Ati betrachtete ihre Hände, die sich sanft und weich anfühlten. Die weise Fee schwebte auf den perlmuttweissen Schimmel zu und streichelte seine Blesse erneut. »Es ist an der Zeit aufzubrechen. Lebe wohl, kleine Hexe.« »Warte! Ich habe noch so viele Fragen!« »Die Zeit der Erleuchtung wird kommen.« Da sprudelte diejenige Frage aus ihrem Mund, die ihr am meisten auf dem Herzen lag: »Soll ich zurückgehen zu meiner Familie?« »Das kannst nur du selber entscheiden, aber bestimmt wären sie überglücklich dich wieder zu sehen. Berichte von deinem Abenteuer.« »Und wenn sie mich für verrückt halten?« »Das werden sie wohl kaum, immerhin bringst du einen Riesen mit.« Die Fee zwinkerte mit einem Auge und lächelte sie freundlich an. Noch bevor Ati ihren Mund erneut öffnen konnte, schwang sie sich auf den Rücken des Einhorns ohne Horn und galoppierte mitten durch die Luft davon, bis sie nicht mehr zu sehen war. Ati kehrte zu ihrer Schwester und dem Riesen zurück, einerseits froh, Antworten gefunden zu haben und doch ein wenig verärgert, nicht mehr erfahren zu haben. »Gehen wir nach Hause«, schlug Ati vor. Ehni und der Riese folgten ihr.

Kapitel 17

Ein Kobold hatte Ati bedroht, als diese sich auf einer Waldlichtung eine kleine Pause gönnte. Der Riese hatte sich angeboten, den lästigen Unruhestifter zur Seite zu schleudern, doch Ati winkte seinen Vorschlag ab und erzählte dem Kobold von dem exzellenten Koboldnierensirup, den sie hexen konnte. »Weisst du Kobold, ich kann nicht viel, aber darin bin ich wirklich gut. Ich glaube, in meiner Seitentasche klebt sogar noch etwas Froschaugenlikör, das ist die wichtigste Zutat, ausser deinen Nieren natürlich.« Der Kobold erbleichte nach dieser Aussage gänzlich und verschwand so schnell, wie er aufgetaucht war. Alle drei mussten sie lachen. Es war ein unbeschwertes, glückliches Lachen, das ihnen von den Lippen kam. Drei Tage und Nächte marschierten sie durch den Zauberwald, bis Ati plötzlich stehen blieb: »Mein Besen! Ich war die mächtigste Hexe Magraliens und es ist mir nicht in den Sinn gekommen, meinen Besen wieder heil zu hexen.« Ehni und der Riese schauten sie verwirrt an. Die nächsten Stunden plapperte Atis Plappermaul ununterbrochen und erzählte ihnen alles, was die weise Fee zu ihr gesagt hatte, was sie über Mystica wusste und dass sie es abgelehnt hatte, die mächtigste Hexe Magraliens zu werden. »Was? Aber wieso?« fragte Ehni völlig verstört. Erst als Ati ihr erklärte, was grenzenlose Macht für sie bedeutet hätte, verstand sie. »Trotzdem hätte ich doch meinen Besen gerne wieder heil gehext. Jetzt kann ich nicht einmal mehr fliegen. Ich fühle mich wie ein Vogel ohne Flügel.« Ehni dachte kurz nach, dann hob sie den Finger und schlug vor: »Ich kann deinen Besen wieder ganz hexen.« »Wirklich? Wie denn?« »Ich habe irgendwo einmal etwas darüber gelesen. Ich denke, den Zauberspruch bekomm ich hin.« »Du bist die allerbeste Schwester, die man sich wünschen kann, Ehni!« Glückstrunken stimmte Ati ein Lied an. Gargonda stellte auf Durchzug, um wenigstens so zu tun, als würde er das gellende Gejaule nicht hören. Dennoch war er noch nie so glücklich darüber gewesen, es zu hören. Stundenlang dehnte sich die Suche an der Lichtung aus, wo Gargonda die Falle aufgestellt hatte, in die Ati geflogen war. Schliesslich fanden sie aber beide Teile des zerbrochenen Stiels, Ati und Ehni packten je eines der Holzstücke unter ihre Arme. Am Morgen des vierten Tages hatten sie ihr Ziel erreicht, und das Abenteuer war zu Ende. Ati hatte die Eingangstür ihres Hauses schon von weitem erkennen können, es war die Einzige mit einem Schlüsselloch. Sie blieben kurz stehen, dann klopfte Ehni dreimal an die Tür. Sofort wurde sie geöffnet. Die Mutter stand im Türrahmen, den Mund sperrangelweit zu einem Dinosauriermaul geöffnet. Bestimmt würde sie das schwere Teil nie mehr schliessen können. Sie rief nach dem Vater, ehe sie auf die Kinder zu rannte und sie umarmte. Der Riese grunzte zufrieden. Da Atis und Ehnis Mutter aber nicht in der Lage war, das Grunzen zu verstehen, scheuchte sie zurück. »Keine Angst, der tut dir nichts, er ist unser Freund. Ohne ihn wären wir jetzt nicht hier«, lautete die knappe, aber dennoch allessagende Erklärung Atis. Schliesslich kam auch der Vater angestürmt. Sein

Blick verriet, dass er heillos überfordert war. Gargonda wollte ihn beruhigen und klopfte ihm so fein, wie ein Riese das eben machen konnte, auf den Rücken. Der kleine Zauberer allerdings spickte sicherlich zehn Fuss weit. Ati quasselte die ganze Nacht durch von ihrem Abenteuer. Irgendwann waren alle eingeschlafen, nur Gargonda, der im Garten sass und durchs Fenster in die Runde blickte, war noch wach. »Hey Riese! Was ist mit dir? Bleibst du hier?« Wie sie es nicht anders kannte, zuckte er mit den Schultern. »Klasse!«, dann überlegte sie kurz, ehe sie ihn fragte: »Hör mal, morgen gehe ich wieder in die Schule. Papa sagt, wir bekommen eine neue Lehrerin. Trotzdem hält mich meine Klasse vermutlich für geisteskrank, wenn ich ihnen die Geschichte erzähle. Deshalb habe ich mir gedacht, du könntest mich ja dorthin begleiten.« Er kam dieser Bitte mit einem Grunzen nach.

Ati war in der Schule so etwas wie eine Heldin geworden, hatte Freunde gefunden und hatte sogar einen neuen Hexenspruch gelernt; sie konnte jetzt auch einen Sumpfkrötenausschlag hexen. Das war nicht gerade das, was sie sich erhofft hatte, doch es erwies sich als ganz nützlich, wenn sie jemand ärgern wollte. Tage, Wochen und Monate vergingen. Gargonda begleitete sie jeden Tag zur Schule und nahm manchmal selbst durch ein Fenster am Unterricht teil, ohne etwas davon zu verstehen. Es war eigentlich eine schöne Zeit gewesen, jedoch wurde er seit geraumer Zeit von einem Gefühl heimgesucht, das er nicht wirklich beschreiben konnte. Auch Ati hatte dieses dumpfe Gefühl im Bauch. Weitere Wochen vergingen, ohne dass es verschwand, im Gegenteil, es wurde immer stärker. Eines Tages, als Ati gerade das Schulhaus durch eine magische Tür aus Würgepflanzen verlassen hatte, wusste sie, was das Bauchkribbeln bedeutete. »Komm Riese, wir haben heute einen langen Nachhauseweg vor uns, ich habe heute in der Schule die Legende eines magischen Schatzes gehört.« Gargonda stimmte mit einem energischen Grunzen zu. Jetzt wusste er, was ihm, genauso wie Ati die vergangenen Wochen und Monate gefehlt hatte: Es war das Abenteuer.

Danksagungen

Ich danke Manuela Bingesser für die wundervollen Bilder.
Ich danke meiner Familie für ihre uneingeschränkte Unterstützung und Liebe.

Ich danke Sven, meinem Freund, meinem Motivator, meinem Fels in der Brandung.

Ich danke Susanne und Peter, ohne euch wäre die Veröffentlichung *Gargondas* nicht möglich gewesen.

Ich danke Tina. Du bist einzigartig, genau wie Ati!

Ich danke allen Menschen, die mich unterstützen und immer zu mir halten.

Und …

Danke allen Lesern!